房地产经纪业务风险与案例分析

周 云　黄国华　张连生　编著
顾正东　张 怡

东南大学出版社
·南京·

内容提要

本书分为两个部分,前半部分主要讲述了房地产经纪业务风险的主要类型、风险因素分析和风险防范方法;后半部分列举了 12 种经纪业务中最常见的纠纷案例,以及相应的法院裁决和案情分析、点评,同时附有与该案有关的知识链接。本书是作者在多年教学、行业培训和实践积累的基础上,以《全国房地产经纪人协理考试大纲》为依据编写的,适用于房地产经纪从业人员、政府管理部门以及高等院校有关专业的师生等学习参考。

图书在版编目(CIP)数据

房地产经纪业务风险与案例分析/周云等编著. ——南京:东南大学出版社,2013.6(2019.11 重印)
ISBN 978-7-5641-4252-0

Ⅰ.①房… Ⅱ.①周… Ⅲ.①房地产业—风险管理—案例—中国 Ⅳ.①F299.233.3

中国版本图书馆 CIP 数据核字(2013)第 104945 号

出版发行:东南大学出版社
社　　址:南京市四牌楼 2 号　邮编:210096
出 版 人:江建中
网　　址:http://www.seupress.com
电子邮箱:press@seupress.com
经　　销:全国各地新华书店
印　　刷:南京玉河印刷厂
开　　本:787mm×1092mm　1/16
印　　张:9.25
字　　数:231 千字
版　　次:2013 年 6 月第 1 版
印　　次:2019 年 11 月第 7 次印刷
书　　号:ISBN 978-7-5641-4252-0
印　　数:13501—14500 册
定　　价:24.00 元

本社图书若有印装质量问题,请直接与营销部联系。电话(传真):025-83791830

目 录

第一章 风险与风险管理概述 … 001
第一节 风险的概念 … 001
一、风险的定义 … 001
二、风险的特性 … 003
三、与风险有关的几个概念 … 005

第二节 风险的类型 … 007
一、按风险性质分类 … 008
二、按风险形态分类 … 008
三、按损失发生的原因分类 … 009
四、按潜在损失的特性分类 … 010
五、按风险所造成损失载体分类 … 010

第三节 风险管理知识初步 … 011
一、风险管理的缘由 … 011
二、风险管理的定义 … 012
三、风险管理的意义 … 013
四、风险管理的目标 … 013
五、风险管理的基本程序 … 015
六、风险管理的方法 … 017

第二章 房地产经纪业务风险与类型 … 019
第一节 房地产经纪业务风险概述 … 019
一、房地产经纪业务相关知识回顾 … 019
二、房地产经纪业务风险的一般表现 … 020

第二节 房地产经纪业务风险的类型 … 023
一、委托人及其客户风险 … 023
二、房地产经纪人员风险 … 025

三、房地产经纪机构风险 026
　　四、物业状况风险 027

第三章 房地产经纪业务风险因素分析 030
第一节 房地产经纪业务风险因素实证调查分析 030
　　一、房地产经纪机构 030
　　二、房地产经纪人员 033
　　三、物业状况 035
　　四、委托人及其客户 036
第二节 房地产经纪业务风险因素分析 037
　　一、诚信与观念因素 037
　　二、操作规范性因素 038
　　三、行业以及企业管理因素 039
　　四、法律法规因素 040
　　五、宏观经济及政策的调控因素 040

第四章 房地产经纪业务风险防范 042
第一节 房地产经纪业务风险防范 042
　　一、房地产经纪业务风险防范的含义 042
　　二、房地产经纪业务风险防范的路径 043
　　三、房地产经纪业务风险防范措施 045
第二节 房地产经纪业务风险控制 046
　　一、房地产经纪业务风险控制的含义 046
　　二、房地产经纪业务风险控制措施 047
第三节 房地产经纪业务风险估计与评价方法 047
　　一、房地产经纪业务风险估计的方法 048
　　二、房地产经纪风险评价的采用方法 050

第五章 房地产经纪业务风险与纠纷案例分析 053
案例1　违规收取差价 053
案例2　定金纠纷 056
案例3　户口问题 059
案例4　借用名义贷款购房 061
案例5　面积误差纠纷 064

案例 6	购房者"跳单"	068
案例 7	凶宅纠纷	072
案例 8	居间合同纠纷	074
案例 9	企业破产风险	078
案例 10	楼市政策变动	081
案例 11	资金风险	083
案例 12	承诺不当风险	087

附录 1　房产测绘管理办法 ······ 091

附录 2　房产测量规范（GB/T 17986.1—2000） ······ 096

参考文献 ······ 140

第一章 风险与风险管理概述

学习要求

- 掌握:风险的概念和特性,以及与风险相关的几个概念;
- 熟悉:风险的类型,风险管理的理由和定义;
- 了解:风险管理的相关知识。

人们在日常生活和社会经济活动中,时常要面对各种各样大大小小的"险情",它常常会给人们带来不安和焦虑;而经济活动中的"冒险",又使人们在担心损失的同时,对获得未来收益充满希望。风险的普遍存在,使得"风险"一词使用得非常广泛,以至于人们在报纸杂志、广播电视或其他场合都有可能读到、听到或谈论到这个词语及相关字眼。马路上的交通安全标志、施工现场的警示标记都是有力的证据。疾病、火灾、地震、交通事故、环境污染、通货膨胀、企业破产、国家之间的政治或经济争端等,都在不同程度上困扰着人们,使得任何个人、团体、经济单位、国家都不得不面对风险问题。由此,如何估计风险、控制风险、减少乃至避免风险损失,就是一个应该认真研究的问题。人们必须切实了解风险的本质和特性,采取种种办法来处理风险,对风险要加以管理。求得人民生活的安全和幸福、社会经济的进步和稳定发展是风险管理最后的归宿。

第一节 风险的概念

一、风险的定义

风险是指对项目或组织目标产生负面(威胁)或正面(机会)影响的不确定性。

即风险大致有两种定义:一种定义强调了风险表现为不确定性;而另一种定义则强调风险表现为损失的不确定性。若风险表现为不确定性,说明风险产生的结果可能带来损失、获利或是无损失也无获利,属于广义风险。金融风险属于此类。而风险表现为损失的不确定性,说明风险只能表现出损失,没有从风险中获利的可能性,属于狭义风险。风险和收益成正比,所以一般积极进取型的投资者偏向于高风险是为了获得更高的利润,而稳健型的投资者则着重于安全性的考虑。

谈到风险,必然要涉及"损失"。人们可能由于财产的损毁或人身伤亡而遭受损失,也可能由于决策失误而蒙受某种程度的经济损失。没有损失则无"险"可言。那么,什么是风险,历来众说纷纭:有的认为风险是潜在损失;有的认为风险是损失的可能性;有的认为风险是损失的概率;也有的认为风险是潜在损失的变化范围与幅度等。各种定义虽然都涉及"损失",但各种观点却见仁见智。至此,关于风险的定义,归纳起来主要有两种意见,即主观说和客观说。

1. 主观说

"主观说"认为,风险是损失的不确定性。此定义的特征是强调"损失"和"不确定性",并认为"不确定性"是属于主观的、个人的和心理上的一种观念。其所致结果有损失的一面亦有盈利的一面,损失面带给人们恐惧和失败,盈利面带给人们希望和成功。而不确定性的范围包括:发生与否不确定、发生时间不确定、发生状况不确定和发生结果之程度不确定。由于"主观说"是基于个人对客观事物的主观估计来定义风险的,因此无法以客观的尺度加以衡量。

2. 客观说

"客观说"认为,风险是给定情况下一定时期可能发生的各种结果间的差异。此定义的特征是将风险视为客观存在的、可以用客观尺度衡量的事物。若各种结果之间的差异大,则风险大;若差异小,则风险小。若只有一种结果则因无差异而没有风险,因为结果完全可以预测。若不止一种可能结果,则每一种结果有其相应的概率,从而有一个反映各结果及其对应概率的概率分布,由它可以确定各结果之间的差异,且在相同的情况下其结论并不因人而异。因此,在这个意义上,风险又有概率分布的特性。而所谓不确定性,则是取决于个人对风险的估计及对自己的置信程度的一种主观意识,没有公认的衡量标准。可见,"客观说"将风险、不确定性及概率三者区分得很清楚。然而也可看出,"客观说"所认为的不确定性和"主观说"的风险定义有相似之处,以至于有"主观说"者竟称风险即为不确定性。

实际上,风险是一种客观存在而非主观意识。它是由事物的客观性质所决定的。人们对在一定条件下事物某种结局的发生与否、发生时间、发生状况、损失程度的不能确定,根本原因在于影响事物进程之内外环境因素错综复杂的关系和相互作用、某些因素无法控制或不规则变化所带来的(客观的)不确定性。在相同的内外环境条件下,同一事物进程结果的不确定性特征将不会因人而异,正如以规定方法抛掷一枚硬币,不论由谁来抛,都有同样机会获得正面或反面。此外,主观上对事物结局的不能确定的程度还和人们对事物的实际不确定性究竟了解多少有关。如某人对某一项投资的环境条件所知甚少或信息有误,他可能觉得投资风险很大,而对了解情况的另一人来说,则可能认为风险很小,尽管他们面对的是同样的风险。总之,人们对损失的是否发生、发生时间、发生状况及后果的不能肯定这种观念上的不确定性只是损失现象本身不确定性在主观上的反映。因此,将对客观潜在损失的观念上的不确定性说成风险是不能令人信服的。

在占有大量数据资料及大数定律适用的场合,可以运用统计方法来确定概率及其分布,并据以对风险进行衡量。在信息不足或大数定律不适用的场合,概率不易客观确定,人们不得不借助主观估计来确定概率分布。这时,除了必须尽可能使估计符合实际外,还必须注意到:虽然主观概率分布下的有关计算方法与客观概率分布下的相同,但从主观出发演绎出来的结论仍然是主观的、因人而异的,即便是主客观结合所进行的估计和衡量,也仍然带有主观色彩。有学者称主观估计的风险为"主观风险",而将实际风险称为"客观风险"。虽然风险本来就是客观存在的,并无"主观"和"客观"之分,但作为研究和应用上的需要,使用"主观风险"概念似无不可。只是应强调,所谓主观风险是估计者根据经验与其认识所判断的,他自己信以为真的风险,它或许有一定的可信度,但并不就是实际的风险。

二、风险的特性

风险的特性是风险的本质与风险的发生规律的表现。风险管理的加强以及风险机制的监理和完善,都需要以正确认识风险特征为前提。风险的特性一般表现在:客观性、偶然性、损失性、不确定性、相对性(或可变性)、普遍性、社会性。

1. 客观存在性

风险是一种不以人的意志为转移,独立于人的意识之外的客观存在。因为无论是自然界的物质运动,还是社会发展的规律,都由事物的内部因素所决定,由超过人们主观意识所存在的客观规律所决定。

2. 风险的偶然性

由于信息存在着不对称,因此未来风险事件发生与否难以预测。

3. 风险的损失性

风险只要存在,就一定有发生损失的可能,这种损失有时可以用货币计量,有时却无法用货币计量。如果风险发生之后不会有损失,那么就没有必要研究风险了。风险的存在,不仅会造成人员伤亡,而且会造成生产力的破坏、社会财富的损失和经济价值的减少,因此个体或企业才会寻求应对风险的方法。

4. 风险的不确定性

风险是各种不确定因素所带来的伴随物,因为客观条件的不断变化产生的不确定性导致了风险的产生。风险的不确定性主要表现在空间上的不确定性、时间上的不确定性和损失程度的不确定性。

5. 风险的相对性(或称可变性)

风险的可变性是指在一定条件下风险具有可转化的特性。世界上任何事物都是互相联系、互相依存、互相制约的,而任何事物都处于变动和变化之中,这些变化必然会引起风险的变化。风险性质会因时空各种因素变化而有所变化。例如科学发明和文明进步,都可能使风险因素发生变动。

6. 风险存在的普遍性

人类对风险实在有着太多的感性认识。无论在自然界、社会领域还是经济领域,总有这样或那样的风险事件发生,给人类带来了巨大的损失。自然界的风暴、洪水、火灾、地震等天灾;社会领域内的冲突、战争、过失及其他意外事故;经济领域内的亏损、倒闭、滞销、挤兑等经济事件,都是不以人的意志为转移的客观存在。它们的存在和发生就总体而言是一种必然现象。自然界的物质运动及人类社会的某些规律都表明,风险的形成是客观必然,它引起的损失后果与人们的良好愿望是一对矛盾。这是由事物的各种内在要素决定的,远远超出人们的主观认识范围。

风险的普遍存在是由风险因素的大量存在决定的。人类赖以生存的自然界,既受其内在规律的作用,也受到外在力量的制约,因而在其运动发展过程中往往呈现出不规则变化的趋势。自然界种种内力、外力的相互作用,能量的积蓄和爆发,是导致各种自然灾害的原因。在现代国家的社会组织内及社会组织之间，人们结成各种社会关系，形成了各种社会环境，资源情况、社会制度、经济体制、宗教习俗、人们行为等，都因为民族、种族、国家、地域的不同而存在种种差异。这些差异发展到一定程度以至无法调和时，就会引起摩擦、冲突乃至战争。一个国家政治中的政体选择、政权更替、权力分配、民主与集权、政策制定与实施、立法与执法、竞选活动、党派争端等，都包含着引起政局动荡的风险因素。而国际政治活动中的领土纠纷、资源争夺、军备竞赛、霸权主义、保护主义、种族歧视等，又都会导致国际范围的风险和损失。在人类的经济活动中，宏观经济决策的失误、经济结构的不合理、利率和汇率的变动、资金效益不佳、市场竞争等，都会导致经济上的风险和损失。科学技术的进步，为人类带来益处，但同时也给人类带来新的风险因素。烟尘、有毒排放物、噪音、核辐射、电磁波等对环境的污染，已经成为社会公害，严重威胁着人类的生存安全。总之，风险的普遍存在是一个不容忽视的客观事实，只有认识到这一点，才会有强烈的风险意识，才不至于谈险色变。而认识风险存在的普遍性也是进行风险管理的必要思想准备。

7. 风险的社会性

风险的后果与人类社会的相关性决定了风险的社会性，具有很大的社会影响。

三、与风险有关的几个概念

在了解了风险的定义后，有必要阐明与风险有关的几个概念，其中风险因素、风险事件、损失和不确定性是四个容易引起混淆的概念，必须着重加以厘清。

1. 风险因素

风险因素系指能增加或产生损失频率、损失程度的要素。风险因素可分为实质性风险因素、道德风险因素和心理风险因素三类。实质性风险因素指能引起或增加损失机会与损失程度的物理的或实质性的因素。它通常是有形的，如不合要求的建筑结构、失灵的刹车系统、受污染的食物、恶劣的气候等。道德风险因素指能引起或增加损失机会和程度的、个人道德品质问题方面的原因，如不诚实、抢劫企图、纵火索赔图谋等。心理风险因素指能引起或增加损失机会和程度的、个人的心理状态方面的原因，如不谨慎、不关心、情绪波动等。道德风险因素和心理风险因素均属人为因素，但道德风险因素偏向于人的故意恶行，而心理风险因素则偏向于人的非故意的疏忽，这两类因素一般是无形的。

2. 风险事件

风险事件系指直接导致损失的偶发事件（即随机事件）。如房屋倒塌、车祸、食物中毒、核物质泄漏、失窃等。风险事件的偶然性是由客观存在的不确定性所决定的，它的可能发生或可能不发生是不确定性的外在表现形式。

3. 损失

风险管理中所说的损失，系指非故意的、非计划的、非预期的、能以货币单位来衡量的经济价值的减少。它包含两个要素，即"非故意、非计划、非预期"和"能以货币来衡量"，二者缺一不可。损失可以分为直接损失和间接损失两种，前者指实质性的直接的经济价值减少，后者则包括额外费用、收入减少及由于应负责任而依法必须赔偿的费用。

显然，风险因素是造成损失的内在原因，而风险事件则是造成损失的外在原因。或者说，风险因素的破坏性是通过风险事件起作用的。风险因素引发风险事件，风险事件导致损失，而各种损失程度之间的差异即为风险。因此，风险因素、风险事件、损失这三者既有区别，又有联系。它们反映了风险的不同侧面，共同刻画出了风险的特征。

必须说明的是，对于含有赢利机会的风险，自然存在促成获利的条件。根据上述风险因素的定义，这些具有正面意义的条件不能称为风险因素。同样，作为正面结果的"赢利"，不能称为风险事件。风险因素和风险事件这样的术语在绝大多数人的心目中压倒性地具有负面意义，总是和"损失"联系在一起的。从事一种可能赢利的风险活动，在考察各种影响因素时，只有那些不利因素才是风险因素。要在这样的活动中不致失利，就必须采取种种措施，避免或减少不利因素的影响，亦即消除或抑制风险因素，这是所有风险管理活动的共同点。至于"赢利"事件，除了它也是一种含有不确定性的事件外，与风险事件毫无共同之处。

4. 不确定性

风险与不确定性互相既有联系又有区别。联系体现在风险是未来发展结果的不确定性，但是两者之间又是有区别的。当项目实施者或组织管理者知道某一个行动方案的可能结果或出现概率时，风险就存在了。例如，假设银行不再实施监管房地产交易委托人交易资金的做法，房地产经纪机构或房地产经纪人出现挪用交易资金的比例达到20%，那么房地产交易资金被挪用的风险就是20%。对于不确定性来说,备选方案的各种可能结果的出现概率是不能被确定的,未来是什么样也是未知的,这时就存在不确定性。如果项目或组织出现了不确定性,那么管理者只能摸索着进行决策。例如,买方代理人提出可以提高房价一万元,但是他并不知道卖方得知提高一万元的购房总额后,同意出售房子的概率有多大。这时买方代理人的提价对成功交易结果的影响是不确定性的,不能估计出来。

不确定的水平可以分级,见图1-1。

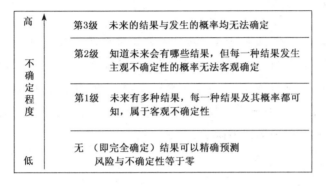

图1-1 不确定的水平的分级图

在不确定性的三个分级中,第1级的不确定性程度最低,知道结果和概率的分布,但是不知道哪种结果会发生,属于"客观不确定性"。例如,房地产经纪人带领客户看了一套房,房地产经纪人知道客户的购买决策只有两种,买或者不买,概率各占50%,但是到底最终哪个结果会发生,是不知道的。第2级的不确定程度高了一些,知道会有哪些结果发生,但是不知道发生的概率有多大。造成不确定性的程度变高的原因有两种,一种是在目前无法知道结果发生的概率,这是由于没有统计,或者是由于该结果还没有发生所以无法统计;另一种是影响结果发生的因素太多,无法分析到底是那种因素导致结果的发生。例如,在房地产经纪人带领客户看了多套房源之后,房地产经纪人在这个时候是无法判断客户到底会选择哪一套房,这是因为影响客户选择房源的因素太多,比如位置、内部设施、装修、价格等。第3级的不确定性程度最高。例如,某房地产经纪机构准备开拓某一个新的市场,但是该公司不能确定其他机构会有怎样的行动决策。

第二节 风险的类型

对风险进行分类是基于风险管理的需要,各种各样的风险在性质、形态、成因及损失状况上都会表现出不同的特点。进行分类不仅是对风险的研究,也便于确定应采取的对策。一个经济单位可通过风险的类别明确哪些风险可以预测和控制,哪些风险则是不定或难以控制,并根据自身对风险的承受能力及财务状况,确定相应的处置办法,实施有效的风险管理,以避免损失或将损失减至最低限度。下面是从不同角度对风险的分类。

一、按风险性质分类

前面我们反复提到"损失"一词,这是因为如果不存在损失的可能性就谈不上有什么风险,但并不表明所有的风险都只能带来损失。事实上,有些风险还带有可能获得利益的一面。一项投资固然有在未来遭受损失的可能,但不可否认也有在未来获得收益的机会。正是有未来可能获利的希望才使人们产生投资的动机。因此,从风险的性质看,它可以分为以下两类。

1. 纯粹风险

纯粹风险是只有损失机会而无获利可能的风险,如火灾、暴雨、车祸、地震等。一般而言,纯粹风险事件会重复出现,通常服从大数定律,因而较有可能对之进行预测。

2. 投机风险

投机风险是既有损失可能又有获利机会的风险。如股票投资、购买期货、经营房地产等的风险。投机风险较为多变和不规则,大数定律常常对它不适用。显然,纯粹风险是有害而且令人厌恶的,而投机风险则具有诱人的特性。在经济单位的经营管理活动中,可能同时存在纯粹风险和投机风险,区分这两种风险,对于经济单位的风险管理显然有着积极的意义。

二、按风险形态分类

从形态上看风险可以分为下面两类。

1. 静态风险

静态风险指由于自然力的不规则作用和人们的错误判断、错误行为等而导致的风险,如火灾、疾病、人身伤害、车祸等。对当事人而言,静态风险有的可以回避,有的则不可回避。例如,不乘飞机的人不会有空难的风险。但像地震、疾病这类风险则无法回避,因为总有发生这类风险事件的可能。在静态风险面前,人们往往处于较为被动的地位。例如,人们可以对地震进行预测,但无法阻止它发生,人们所能做的只是尽可能将损失减少到最低限度。又如火灾风险对任何经济单位或个人都是一种潜在的威胁。静态风险只会给人们带来损失,因此静态风险就是纯粹风险。

2. 动态风险

动态风险主要是指以社会或经济结构变动为直接原因的风险。如生产技术、股市行情、产业结构等因素变化带来的风险。对经济单位来说,动态风险就是投机风险。动态风险一般是可以回避的,人们在这类风险面前往往处在较为主动的地位,因为他们通常有选择的余地。例如,投资者可以避开高风险投资项目而将资金投入低风险企业。

三、按损失发生的原因分类

这种分法将风险分为自然风险、社会风险、经济风险、政治风险和技术风险,以下分别加以说明。

1. 自然风险

自然风险是由自然界的实质性风险因素所导致的财产损毁和人身伤亡的风险。如雷电、暴雨等自然灾害造成的损失。

2. 社会风险

社会风险是指由于个人的反常行为或团体的不可预料行为所导致的风险。如盗窃、抢劫、制造假货、故意破坏等对社会的危害。

3. 经济风险

经济风险是指在商品生产和流动过程中,由于社会需求变动、市场竞争、经营决策失误、管理不善等因素所引起的经济损失的风险。

4. 政治风险

政治风险是指因政局变化、政治动乱、战争等政治原因所引起损失的风险。

5. 技术风险

技术风险是指在科学技术发展过程中所导致的某些副作用。如酸雨、化工排放物的污染等。

四、按潜在损失的特性分类

根据风险事件发生所导致损失的性质，风险可以分为以下三类。

1. 财产风险

财产风险是指各类财物遭受损毁、灭失或贬值的风险。如厂房、住宅、电器、车辆等不动产或物资由于自然灾害或意外事故而遭受的损失。

2. 人身风险

人身风险是指由于人的疾病、伤残、死亡所造成损失的风险。这种风险不仅会给个人和家庭带来损失，而且也会给经济单位带来损失。

3. 责任风险

责任风险是指个人或团体由于违背法律或道义准则，给他人造成财产损失或人身伤害时应负的法律赔偿等责任。如侵犯版权、产品责任事故等的行为主体都应承担这种风险。

以上的分类属于对风险所进行的基本分类。根据不同的标准，还可以对风险有其他的分类方法。如分为可管理风险和不可管理风险、可接受风险和不可接受风险、宏观风险和微观风险、基本风险和特殊风险等。即使是同一类型的风险也可以进行再分类。如经济风险又可分为投资风险、生产风险和销售风险。对风险的分类，不必拘泥于固定的方式，完全可以视具体情况和管理目标的需要而定。

五、按风险所造成损失载体分类

按风险所造成损失载体分类，风险可分为两类：个人风险和企业风险。

1. 个人风险

个人风险是个人和家庭面临的各种风险，一般包括：收入风险、医疗费用风险、责任风险、资产风险、金融风险、长寿风险。

2. 企业风险

任何原因导致企业价值减少的都可以被定义为企业风险。影响企业现金流和企业价值变动最大的风险包括：价格风险、信用风险和纯粹风险。

价格风险是指由于基础资产价格变动导致衍生工具价格变动或价值变动而引起的风险。价格风险又可以分为输出价格风险和输入价格风险。①输出价格风险是指机构提供的产品或服务的价格变动的风险。②输入价格风险是指机构为其生产过程顺利进行所支付的劳动力、原材料以及其他输入要素的价格变动的风险。

信用风险又称违约风险，是指交易对手未能履行约定契约中的义务而造成经济损失的风险，即受信人不能履行还本付息的责任而使授信人的预期收益与实际收益发生偏离的可能性，这也是金融风险的主要类型。信用风险一般有包括：①违约风险，债务人由于种种原因不能按期还本付息，不履行债务契约的风险。如受信企业，可能因经营管理不善而亏损，也可能因市场变化出现产品滞销、资金周转不灵导致到期不能偿还债务。一般说来，借款人经营中风险越大，信用风险就越大，风险的高低与收益或损失的高低呈正相关关系。②市场风险，资金价格的市场波动造成证券价格下跌的风险。如市场利率上涨导致债券价格下跌，债券投资者就会受损。期限越长的证券，对利率波动就越敏感，市场风险也就越大。③收入风险，人们运用长期资金作多次短期投资时实际收入低于预期收入的风险。④购买力风险，指未预期的高通货膨胀率所带来的风险。当实际通货膨胀率高于人们预期水平时，无论是获得利息还是收回本金时所具有的购买力都会低于最初投资时预期的购买力。

纯粹风险是指由财产损坏、法律责任及雇员遭受伤害或生病等原因给企业带来的损失。纯粹风险一般包括：①财产风险，财产的物理损坏、被盗、政府征收等所造成的风险。②法律风险，给客户、供应商、股东以及其他团体带来人身伤害或财产损失，而必须承担相应法律责任的风险。③员工伤害，对雇员造成人身伤害，按照员工赔偿法而必须进行赔偿的风险，以及除此之外必须承担的其他法律责任风险。④雇员福利，雇员及其技术死亡、生病以及伤残而引起的按照雇员福利计划支付费用的风险，还包括养老金和其他退休储蓄计划中对雇员的责任。

第三节　风险管理知识初步

一、风险管理的缘由

为什么必须对风险进行管理？我们可以从以下几个方面分析。

从外在的风险环境看，20世纪以来社会生产力的极大发展，科学技术的飞速进步及广泛应用，在给人类带来巨大利益的同时又不可避免地给社会带来各种新的风险因素。而国际局势的动荡、战争威胁、种族冲突、贫富分化、经济衰退等都可能导致风险事件的出现。这是风险管理的外在原因。

从经济单位的运营需要看,现代大规模经济的涌现、企业经营范围的扩大、经济活动及经济关系的日趋复杂、风险企业的蓬勃发展,都使经济单位不仅面临自然灾害的可能损失,而且面临激烈的国际、国内市场竞争,以及伴随新技术、新工艺而来的风险威胁。这些都使各经济单位对可能发生的损失、损失后的补偿及如何有效获取风险收益更加关注,从而必须有效地对风险进行管理。

从经济单位风险管理的基本动力看,实行风险管理大致有三个原因。首先是基于安全的需要。安全是人类与生俱来的基本需要,实行风险管理可以消除或减少自然灾害、生产事故可能带来的财产损失和人身伤亡从而给人们带来安全感。其次是基于经济成本的考虑。人们希望避免或减少经济损失、防止生产萎缩和经济福利水平下降。最后是基于政府法令的要求。各国政府为了保障人民生命财产的安全和维护社会安定,常立法要求各经济单位保证起码的安全标准。例如,美国1970年通过的职业安全和健康法案要求雇主承担两种义务,即免除雇员工作环境中的一切风险因素,以及遵守劳工部在公报中设定的工作环境安全标准。我国也有劳动保护和劳动保险方面的各种法规和条例。在1994年公布的《中华人民共和国劳动法》中,关于劳动安全卫生方面的规定有:"用人单位必须建立、健全劳动安全卫生制度,严格执行国家劳动安全卫生规程和标准,对劳动者进行劳动安全卫生教育,防止劳动过程中的事故,减少职业危害","必须为劳动者提供符合国家规定的劳动安全卫生条件和必要的劳动防护用品,对从事有职业危害作业的劳动者应当定期进行健康检查","劳动安全卫生设施必须符合国家规定的标准"等。

二、风险管理的定义

风险管理是人类在不断追求安全与幸福的过程中,结合历史经验和近代科技成就而发展起来的一门新兴管理学科。它是组织管理功能的特殊一部分。由于风险存在的普遍性,风险管理的涵盖面甚广。从不同的角度,不同的学者提出了不尽相同的定义。本书主要讨论经济单位这类组织的风险管理,并且试图在专家学者们关于各种风险管理定义的基础上,对风险管理规定其定义。

克里斯蒂(James C. Cristy)在《风险管理基础》一书中提出:"风险管理是企业或组织为控制偶然损失的风险,以保全获利能力和资产所做的一切努力。"

威廉姆斯(C. Arthur Williams Jr)和汉斯(Richard M. Heins)在1964年出版的《风险管理与保险》第一版中提出:"风险管理是通过对风险的识别、衡量和控制,以最低的成本使风险所致的各种损失降到最低限度的管理方法。"

罗森布朗(Jerry S. Rosenbloom)在1972年出版的《风险管理案例研究》一书中提出:"风险管理是处理纯粹风险和决定最佳管理技术的一种方法。"

通过对各种风险管理定义的分析,可以认为:风险管理是经济单位通过对风险的识别、衡量、预测和分析,采取相应对策处置风险和不确定性,力求以最小成本保障最大安全和最佳经营效能的一切活动。关于这个定义,有几点说明:①风险管理的主体是经济单位,它不仅可以是企业,也可以是其他经济组织;②风险系指经济单位的所有风险,并不专指纯粹风险;③定义包括了风险管理的对象、方法和程序等重要方面,它的一系列活动以选择最佳风险管理技术为中心;④风险管理的目标是保障最大安全和最佳经营效能,即最大限度地保证经济单位人员、财产的安全和赢利能力;⑤定义表明风险管理讲求经济效益,要以最低成本进行风险管理,以获取最佳效益。

三、风险管理的意义

通过风险管理,房地产经纪机构可以以最小的耗费把风险损失减少到最低限度,达到最大的安全保障,令经营活动得以顺利进行,实现经营目标。

首先,风险管理能够为房地产经纪公司提供稳定的经验环境。由于风险管理为公司运营及员工提供了风险保障,从而营造了房地产经纪公司经营环境的稳定性。

其次,风险管理能够保障房地产经纪公司顺利实现经营目标。风险管理的实施会促使房地产经纪公司进一步增加收入、减少支出,并使风险损失减少,从而减少了公司的费用支出。这些都直接或间接地增加了公司的盈利,有助于公司经营目标的实现。

最后,风险管理还能够促进决策的科学化、合理化。风险管理利用科学系统的方法,管理和处置各种风险,有利于房地产经纪公司减低决策失误风险等。

四、风险管理的目标

美国学者梅尔(Robert Mehr)和赫吉斯(Bob Hedges)认为,企业的风险管理目标必须和企业的总目标一致。这些总目标是:①企业利润(对非营利组织和公共部门而言则是有效地提供服务);②充分的社会职责和权利;③企业领导者个人偏好的满足。又认为:风险管理的目标是在损失发生之前作经济的保证,而在损失发生后有令人满意的复原。因此风险管理的目标在损失发生之前与之后会有不同的内容。虽然这些看法主要是从企业角度来考察风险管理的目标,但对一般经济单位仍不失为一种可以借鉴的理论框架。下面是风险管理目标的具体分析。

1. 损失发生前的目标

（1）经济性

这是损失发生之前风险管理目标的首要内容。在损失发生之前风险管理者应分析、比较各种风险处置工具、安全计划、保险险种及防损技术所需的费用，并进行全面财务分析，以谋求最经济合理的综合处置方式，即在保证使损失降低到最小限度的前提下，使风险管理的费用尽可能减少。

（2）减少恐惧和忧虑

风险事故的发生可能带来的严重后果，会使人们心理上产生恐惧和忧虑。这种心理上的障碍无疑会严重影响人们的工作积极性和主动性，从而造成低效率甚至无效率的状况。通过对风险的识别、衡量和有效控制，可以尽量减少人们心理上的恐惧和忧虑，消除后顾之忧，使人产生安全感，从而创造一个良好的生产和生活环境。

（3）承担社会责任，树立良好形象

企业如果遭受风险损失，社会也受其害。实施防险、防灾计划，尽可能消除各种事故隐患，是企业对全社会的责任。因此实施风险管理必须注重履行社会职责，遵守政府法规和社会准则，从而树立起企业良好的社会形象。

2. 损失发生后的目标

（1）维持生存

一旦不幸发生风险事件，给企业造成了损失，损失发生后风险管理的最基本、最主要的目标就是维持生存。实现这一目标，意味着通过风险管理人们有足够的抗灾救灾能力，使企业、个人、家庭乃至整个社会能够经受得住损失的打击，不至于因自然灾害或意外事故的发生而元气大伤、一蹶不振。实现维持生存目标是受灾经济单位恢复生产和继续发展的前提。

（2）保证生产经营活动和生活迅速恢复正常

风险事件的发生给人们带来了不同程度的损失和危害，影响正常的生产经营活动和人们的正常生活，严重者可使生产和生活陷于瘫痪。风险管理应能保证为企业、个人、家庭等经济单位提供经济补偿，并能为恢复生产和正常生活创造必要的条件，即除了能继续生存外，还有能力迅速复原。

（3）尽快实现收益的稳定

风险管理在使经济单位维持生存并迅速复原后，应通过其运作促使资金回流，尽快消除损失带来的不利影响,力求收益的稳定。

(4) 实现持续增长

风险管理不仅应使经济单位恢复原有的生产经营水平,而且应保证原有生产经营计划的继续实施,并实现持续的增长。

(5) 履行社会职责

风险损失的发生,不仅使承担风险的经济单位受害,还会波及供货人、债权人、协作者、税务部门乃至整个社会。损失发生后的风险管理,应尽可能减轻或消除损失给各有关方面带来的不利影响,切实履行对社会应负的责任。

关于风险管理的目标还有不少见解,虽然各种说法的角度不同,但与上述内容并不矛盾,是相互补充的。

五、风险管理的基本程序

风险管理的程序是为了实现风险管理目标而必须进行的一系列活动,它反映了风险管理的主要工作内容,通常有下面五个步骤。

1. 风险识别

风险识别是风险管理的基础和起点,也是风险管理者首要的、或许是最困难的一项工作。它的任务是辨认本经济单位所面临的风险有哪些,确定各种风险的性质,分析可能发生的损失及风险单位。风险识别的意义在于,如果不能准确地辨明所面临的各种风险,就会失去切实地处理这些风险的机会,从而使得风险管理的职能得不到正常的发挥,自然也就不能有效地对风险进行控制和处置。

目前,风险识别的方法有很多,在宏观领域有决策分析、统计预测分析、投入产出分析、可行性分析、幕景分析等。在微观领域有生产流程法、资产负债分析、因果分析、损失清单分析、失误树分析、保险调查法、专家调查法等。随着科学技术的发展、高新技术的应用及人们实践经验的积累,风险识别的方法将日臻完善和准确。灵活应用各种方法,力求准确地识别、鉴定风险是搞好风险管理最基本的要求。

2. 风险衡量

风险识别之后,就应恰当地对风险进行衡量,即对与各种风险相关联的损失进行估计。具体地说,就是要根据已掌握的统计资料确定损失发生的概率及严重程度,确定种种潜在损失可能对经济单位、个人或家庭造成的影响。风险衡量是具体的统计上的计算和分析,是对风险损失可能性及损失程度的定量化的研究。例如必须确定概率分布,必须计算某种风险事件可能发生的次数、每次可能损失的金额及年度总的可能损失的金额等。

进行风险衡量应正确运用概率统计方法,并尽可能借助科学计算技术和计算工具进行。编制程序或使用专门软件包、利用电子计算机进行处理,将有助于提高风险衡量的准确性。风险衡量的准确度对风险管理的全过程及实施效果有着实质性的意义。

3. 风险管理决策

在识别和衡量了风险之后,就应考虑如何有效地控制和处理风险,即选择应采取的各种避免损失和控制损失的对策,分析各对策的成本及后果,根据本单位的经济状况及风险管理的总方针和特定目标,确定各种对策的最佳组合,达到以最小费用开支获得最大安全效果的目的。风险管理对策通常分为两大类,即风险控制对策和风险财务对策。

风险控制对策是指处置风险和避免或减少损失所采取的各种措施和手段。它包括回避风险、损失控制、非保险转移等,一般在损失发生前实施。回避风险系指直接避开能导致风险的事项和活动,以消除可能发生的损失。例如不进行股票投资可以避开股市的风险。回避风险是一种简单易行,但却较为消极的风险控制措施。损失控制系指为消除或减少风险因素所采取的措施。它包括损失预防和损失减少。前者包括使用预防技术,建立或改进预防设施,开展风险管理教育及有关技术培训等;后者则是在损失发生之时为降低损失程度而采取的各种措施。损失控制具有积极主动处置风险的性质,但也有技术要求可能不易达到或成本可能较高的局限性。非保险转移风险系指采用除保险外的各种方式将风险转嫁出去。如出售、转让、分包、转租等。它主要是通过各种经济合同来实现的,是保险转移的补充。非保险转移受法律及合同条款的制约。

风险财务对策是指损失发生后的财务处理方式和经济补偿手段。它主要包括自留风险和保险。自留风险又称自担风险,是经济单位自行承担损失发生后财务后果的方式。自留风险分为主动自留风险和被动自留风险。前者是指出于经济性的考虑,自己主动承担的、并非无其他处置方式的已识别风险。后者则指未能识别的、或已识别但因预测不准或忽略而不得不由自己承担的风险。自留风险是风险管理中常用的风险财务工具。通常对损失频率和程度都小的风险,可以以自留风险方式处置。但应注意努力避免被动自留风险。至于保险,则是最常见、最有效的转移风险方式,它是投保人通过缴纳一定保险费的形式将风险转嫁给承保人的一种风险处置工具。保险作为传统的风险处理手段，在风险管理中仍占有重要的地位。

4. 执行决策

风险管理决策确定之后，必须协调地配合使用各种风险管理工具。实施过程中应力求充分发挥损失发生前风险控制工具的作用，防患于未然。事前控制总是比事后处理更加积极主动。一家全额投保的企业一旦遭到重大破坏性事故而致生产全面停顿，即便可以得到保险补偿，仍然会为恢复元气而失去宝贵的时间。这对企业的经营将产生一系列不利的影响，尤其在市场竞争日趋激烈的今天更是如此。切实搞好风险控制不仅可以减少这种情形的发生，而且也会节约风险财务处理的费用。因此，必须注意损失发生前后的风险控制对策与财务处理对策之间的有机联系，配合使用并使之相辅相成。这样才有可能实现最经济的风险管理。在执行决策过程中，还应注意信息传递和反馈，促进信息流动，疏通反馈渠道。这是各种风险管理工具能够协调配合、发挥最佳对策组合效用的基本保证之一。

5. 实施效果评估

这一步骤包括对风险识别、风险衡量、已选择的各种风险处置工具及风险管理决策等方面的监督和评价，重在从实施效果来检查和评判风险管理的上述各环节是否符合风险管理目标。评估应注重调查与信息反馈，切实了解各种风险管理对策的实施效果及费用开支情况，随时根据需要作必要的调整或修正，并确定在条件改变时是否提出新的处理方案，使风险管理各对策的组合尽可能一直保持最佳状态，充分发挥其效能。对实施效果的监督、检查和评价是风险管理顺利开展并趋向预定目标的重要保证。

上述风险管理的程序给出了风险管理的主线和思路。虽然各经济单位都有自己的特点，但不论经济单位多么不同，这些基本的步骤一般都是需要的。风险管理兼有科学和艺术的特点。一方面它提供了一系列风险科学决策的数量方法和技术手段；另一方面它在很大程度上还必须依靠非数量方法，即风险管理的许多决策必须靠人的经验、直觉判断和演绎来作出。因此，整个风险管理的过程既涉及科学的数量分析方法，又涉及人的管理艺术。随着风险管理的理论研究和实践的深入开展，必然产生新的、更精确的科学决策方法，风险管理学科也将日臻完善。

六、风险管理的方法

根据 Scott E. Harrington, Gregory R. Niehaus 所著《风险管理与保险》阐述，

风险管理的方法通常有三类,包括损失控制、损失融资和内部风险控制。这些方法并非独立使用,可以综合使用,以达到控制风险的目的。如表1-1所示。

表1-1 风险管理方法

方法		定义	示例
损失控制	减少风险行为的程度	减少风险活动的数量或者降低风险可能发生的频率	减少带客户到房屋建设工地看房的次数
	提高预防能力	提高对给定风险行为水平的预防能力	对房地产经纪人进行安全培训,提高房地产经纪人到房屋建设工地看房的安全意识,要求佩戴安全帽
损失融资	自留与自保（自我保险）	公司或个人承担部分或全部的损失	由于汽油涨价,公司要求房地产经纪人外出看房一律乘坐公共交通,一律不给报销出租汽车费用,以减少公司运营成本
	保险	购买保险合同	为由于客户产权瑕疵造成的纠纷赔偿到保险公司购买保险
	对冲	利用金融衍生品防范风险	购买期货;房地产经纪公司较少使用
	其他合约化风险转移收段	与供应商签订合同	与房地产开发商签订销售委托合同,固定佣金总额,不以房价比例计算佣金;当房价下滑时房地产经纪公司佣金得到保障
内部风险控制	分散化	公司把经营活动分散	房地产经纪公司开办搬家服务、房屋装修等企业业务,分散经纪业务主业的风险
	信息投资	加大对信息搜集力度和信息系统建设的投资	房地产经纪公司加大信息系统的建设,及时并精确分析客户和房源的变化情况,对出现的不利于公司现金流的因素进行管理

第二章 房地产经纪业务风险与类型

学习要求

- 掌握：房地产经纪业务风险的概念、类型；
- 熟悉：房地产经纪业务风险的一般表现。

第一节 房地产经纪业务风险概述

一、房地产经纪业务相关知识回顾

房地产经纪业务根据业务的内容和活动方式，可以分为基本业务和相关业务两大类。房地产经纪基本业务根据活动形式和我国当前法律规范，又可以分为房地产居间业务和房地产代理业务。根据房地产经纪服务所涉及的内容，房地产经纪相关业务主要包括房地产咨询、产权交易过户和住房贷款等内容。在这些业务执行过程中，各种因素影响均会带来一定的风险。房地产经纪基本业务的类型如表2-1所示。

表 2-1 房地产经纪基本业务的类型

划分依据	根据委托关系	根据交易标的物	根据交易方式
基本业务	居间 代理	土地 新建商品房 存量房	买卖 租赁 抵押

房地产经纪业务流程一般没有特别的定式，通常的业务流程和操作内容根据法律规范和惯例是：信息的搜集整理与传播、房源与客源的开拓、业务洽谈、物业查验、签订房地产经纪合同、引领看房、代理或协助交易及相关事宜、物业交验、佣金结算、

售后服务。

更多详细内容见《房地产经纪实务》第一章。

二、房地产经纪业务风险的一般表现

房地产经纪业务风险一般是指在房地产经纪活动中,在委托人与被委托人双方之间,因主观和客观的各种因素对房地产经纪业务的完成所产生的负面(威胁)或正面(机会)影响的不确定性。

针对房地产经纪业所面临的风险,自2003年以来,以苏州房地产市场为研究区域,结合房地产经纪业务实践和案例,我们进行了不间断的市场调查,调查结果显示,随着我国房地产经纪行业和市场的日渐成熟,法律制度日渐完善,市场见于各方的专业度和知识能力均在不断提高,表现在房地产经纪业务中的风险形式也在发生着不断的变化。

2003年的调查结果显示,房地产经纪业务所面临的主要风险集中表现在以下几个方面:跳单、顾客拒交中介费、政府的干涉与限权、法制的不健全、行业的信誉问题、同行之间的恶性竞争、企业资金不足、员工与客户私下达成协议、公司内部肢解等。具体情况如图2-1所示。其中,"跳单"现象在所有房地产经纪风险中高居榜首——所谓跳单,就是指在房地产交易过程中,因经纪委托人的买卖双方为逃避咨询费、服务费等各种形式的佣金,而在接受

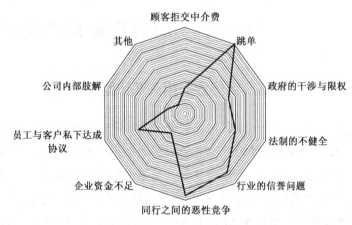

图2-1 房地产经纪业务风险实证调查(2003年)

经纪人咨询、带客户看房服务后而避开经纪人进行私下交易的行为。另外同业恶性竞争和行业信誉也是房地产经纪业务风险的主要因素。

比较2003年,2012年的调查结果(图2-2)显示,房地产经纪业务的风险发生了显著的变化,虽然跳单、同行间的恶性竞争等存在于经纪人和客户中道德风险仍然存在,但无论从类型和形式上房地产经纪业务的主要风险已集中转化为:信息欠缺、操作不规范、承诺不当、产权纠纷、对外合作、房地产经纪人道德、客户道德、乱收费、

交易资金保管、资金流向监控、客户资金代收代付等十一个方面,其中交易资金保管和产权纠纷所占比重最高。这些变化,一方面反映了房地产市场环境已发生了巨大的变化,另一方面也反映了房地产经纪活动参与各方对房地产经纪及相关交易活动的认知有了很大的改变。

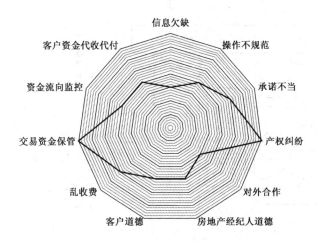

图 2-2 房地产经纪业务风险实证调查(2012 年)

以房地产经纪业务流程为分析路径,针对各环节存在的问题(如图 2-3 所示),运用"鱼刺"分析法对流程中出现的问题进行层次分析,我们可以较为清晰地看到存在于房地产经纪业务中的风险,如表 2-2 所示。

表 2-2 房地产经纪业务风险及问题表现

序号	业务流程	房地产经纪业务风险			
		买方	卖方	经纪人	其他
1	信息的搜集整理与传播		一盘多放	资料外泄 同业竞争	
2	房源与客源的开拓			恶性竞争	行业管理不善
3	业务洽谈		伪造证件	业务能力有限	
4	物业查验	私下交易	私下交易隐瞒不利信息		
5	签订房地产经纪合同		合同约定 内容不完善	吃差价 承诺不当	
6	引领看房			发布虚假信息	
7	代理或协助交易及相关事宜	借名买方	产权纠纷	伪造签名 虚报成交价	新政干预 银行按揭风险 交易资金保管
8	物业交验		房屋质量问题 物业费拖欠及物业遗留的其他问题	携款私逃	
9	佣金结算	拒付佣金	拒付佣金		
10	售后服务			服务承诺不当	

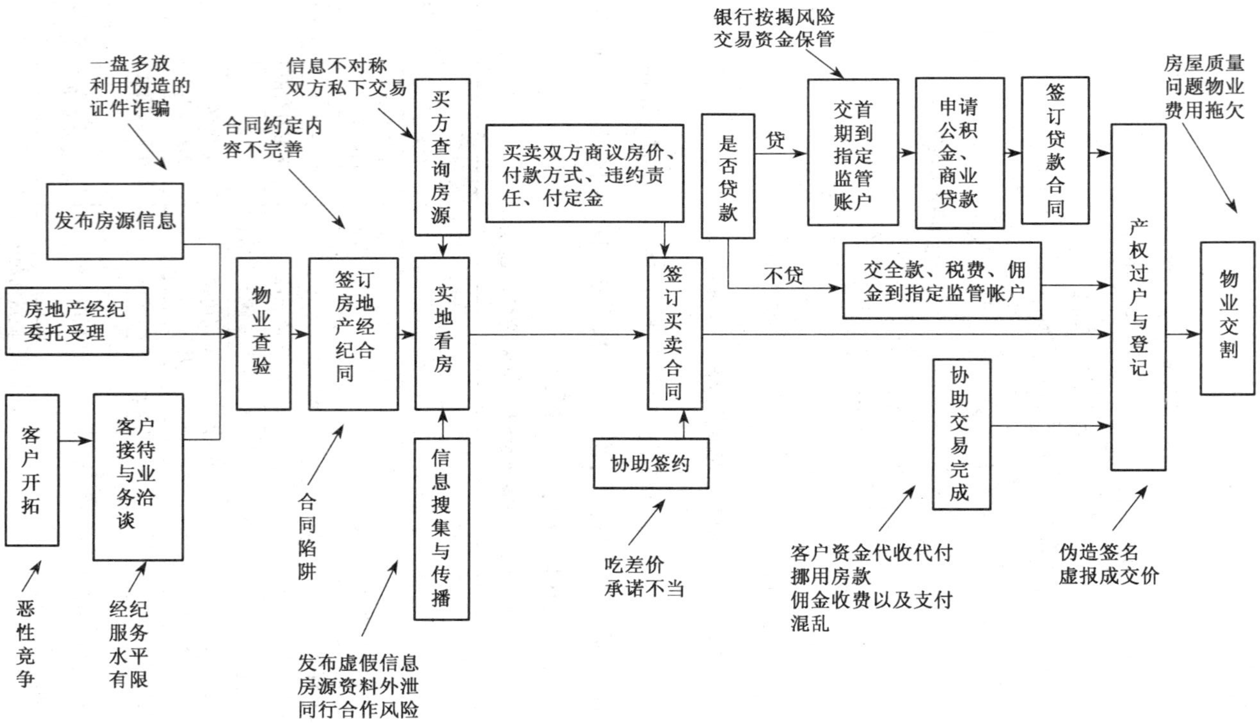

图 2-3　房地产经纪业务流程中问题鱼刺图

第二节　房地产经纪业务风险的类型

根据风险的特征规律去认识和确定房地产经纪活动可能存在的潜在风险因素，并对这些潜在的风险进行分类分析。

房地产经纪面临的风险类型按照分类标准或需要的不同划分为不同的种类。从大的方面看，主要分类包括：

从房地产经纪风险的性质看，可分为静态房地产经纪风险和动态房地产经纪风险。静态房地产经纪风险是指由于自然灾害以及意外事故所形成房地产经纪损失的可能性。这种风险具有不可抗力的因素，因此是无法回避的。动态房地产经纪风险是指因为政策调整、市场需求变化、房地产经纪机构经营不善以及房地产经纪市场消费者决策失误等所形成的风险。

从房地产经纪风险的来源来看，可分为房地产经纪内部风险（直接风险）和房地产经纪外部风险（间接风险）。

从房地产经纪风险的可控程度来看，可分为可控制风险和不可控制风险。

从房地产经纪风险的程度来看，可分为高中低风险三个档次。通常，能直接导致房地产经纪交易活动终止的风险被视为高风险，仅仅导致房地产经纪活动出现纠纷但最终顺利完成的风险被视做低风险。

从房地产经纪风险的分析层次来看，可分为宏观风险和微观风险。宏观风险主要与市场状况、法律制度的变化、金融保险状况等相关；微观风险主要与房地产经纪市场消费者信用状况、房地产经纪机构服务水平等相联系。

从房地产经纪风险的生成原因来看，可分为市场风险、价格风险、信用风险、道德风险。

尽管上述不同的风险类型在大类上有所不同，但在具体的内容上都是有交叉的。本文按照房地产经纪交易中的主体来分，将房地产经纪风险分为以下四大类型：委托人及其客户风险、房地产经纪人员风险、房地产经纪机构风险以及物业状况风险。下面将对四大类风险中具体包括的风险类型进行分析，对于导致这些风险类型产生的原因也就是风险因素将在房地产经纪风险因素分析这一节中做出具体的阐述。

一、委托人及其客户风险

在房地产经纪中，作为房地产交易主体的委托方有着四种不同的角色，分别是卖方、买方、业主和承租人。作为被委托人的房地产经纪人与委托人之间有着合约关系，合约中明确地规定了各自的权利与义务以及违约的责任，确保了各自的合法权益。这在一定的程度上保障了房地产经纪活动的顺利进行，同时也是实现交易公平的必要保证。然而在实际的交易过程中，由于许多房地产交易主体缺乏有关的法律和房地产交易知识以及由于某些自私的动机或怕麻烦的心理而实施的不规范的交易行为给房地产经纪中的其他交易主体带来了风险。

委托人及其客户风险大致可以分为三种类型：即总体风险、单方风险和双方风险。

1. 总体风险

总体风险是指所有的委托人及其客户都会遇到的风险，这一类的风险一般是由外部环境的变化引起的，可控制性比较差，当这一类的风险发生的时候，几乎所有的参与者都会受到影响。总体风险包括了政策风险和市场风险。

政策风险：由于国家或地区政府有关房地产经纪交易的各种政策发生变化而给买卖双方所带来的损失的可能性。

市场风险：由于市场环境的变化所导致的风险。如房地产行情的变化会直接影响到卖方的出售决策以及买方的购买决策。

2. 单方风险

单方风险是指由房地产经纪交易中一方所产生的一些不利因素，对房地产经纪交易中的其他方带来的不确定性。单方风险包括信息风险、资金保管风险等。

信息风险：因卖方对房屋信息的刻意隐瞒或者伪造证件诈骗等原因而造成买方直接经济损失以及房地产经纪机构声誉受损的风险。例如有些不法分子为了牟取暴利，会通过一些手段获取房屋的产权信息，然后通过伪造房屋出售所需的有关证件的方法，通过房地产经纪机构将房屋出售。这种不法行为给房屋的买方带来的损失是巨大的，同时使得促使双方交易的房地产经纪机构也承担着极大的风险。

资金保管风险：因房地产经纪人的过失导致资金损失，给买卖双方以及房地产经纪机构均带来不可估量的损失的风险。

3. 双方风险

双方风险指的是由于委托人及其客户双方共同造成的一些不利因素对房地产

经纪机构带来损失的风险。双方风险如"跳单"风险。

"跳单"风险：是指买卖双方为了逃避咨询费、佣金等这些服务费用，在接受了经纪人的咨询，带领看房的服务之后互相避开房地产经纪机构进行私下交易的行为，导致房地产经纪机构提供服务却收不到佣金的风险。"据估算，仅2002年上半年，苏州市二手房交易中就有至少1000套是从房产中介获取信息后再'跳单'私下交易的，而'碰巧'会被中介发现的'跳单'者比例不到10%，发现后大多也是私下协商私了"。本次的问卷调查的结果显示，如果有私下交易的机会，8.3%的人会直接选择私下交易，58.4%的人可能会选择私下交易，只有33.3%的人明确表示不会选择私下交易。"跳单"给房地产经纪人员和经纪机构带来的风险在于所付出的服务得不到回报的损失，因为房地产经纪人员在促成交易的过程中，会付出很多的努力，包括对卖方房源的审查，对买方的寻找等，而经纪机构要支付日常开销的各种费用。

二、房地产经纪人员风险

房地产经纪人员提供的服务主要是促成他人房地产交易成功，因此房地产经纪人员要拥有完善的知识结构、良好的职业技能以及职业道德观念。委托人或者客户之所以选择房地产经纪人员来协助自身房产的交易，就是因为自身对房产交易的有关知识及流程不熟悉，通过房地产经纪人员不仅可以加快寻找到对家的时间，更能保障交易的顺利进行。然而在目前的房地产经纪市场中，由于入行的门槛较低，房地产经纪人员的素质良莠不齐，很多房地产经纪机构的从业人员没有房地产经纪执业资格证，有些甚至连简单的培训都没有就直接上岗。普遍地说，目前房地产经纪市场有这样一种现象：有证的不执业，执业的没有证。因为，大多拥有房地产经纪执业资格证的人员选择将自己的证以一定的价格挂牌在房地产经纪机构。

房地产经纪人员风险大致可分为三种类型：职业道德风险、专业能力风险和对外合作风险。

1. 职业道德风险

职业道德风险指的是房地产经纪人员在执业过程中不注重自身的职业荣誉感、成就感，不遵守有关法律法规和行业规则而对房地产经纪机构以及客户带来损失的可能性。

房地产经纪人员的职业道德风险主要表现在：一些房地产经纪人员会利用所工作的房地产经纪机构的房源，私下促成买卖双方的交易，这样赚取的佣金不用大部分都交予房地产经纪机构,可以获得很大的利益;一些房地产经纪人员私自抬高房源的售价,以赚取其中的"差价",俗称"吃差价";一些房地产经纪人员为了赚取信息费,将房源以及客户的资料外泄;一些房地产经纪人员在收到数额较大的服务佣金或者定金之后,为了私吞钱款,携款私逃。

2. 专业能力风险

专业能力风险指的是由于房地产经纪人员自身缺乏完善的知识结构,即缺乏房地产经纪专业知识、相关专业基础知识或者文化修养,而无法更好地为交易方提供服务,导致交易无法完成,对房地产经纪机构带来经济以及声誉的损失。另外,从此次问卷调查的数据显示,仅有25%的受调查者在选择房地产经纪人员时会关注是否有执业的资质,91.67%的人关注房地产经纪人员的专业知识和经验。足以显示,作为一名房地产经纪人员,具有完善的知识结构的重要性。

3. 对外合作风险

对外合作风险是指房地产经纪人在从事经纪业务中为了开拓业务必然会选择与一些单位、机构或者个人进行一些合作,利用各自的资源增加客户群、提高服务效率以促成更多的交易,但这样的合作同时也会给房地产经纪人带来不可预见性的风险。对外合作风险包括银行按揭风险和同行合作风险。

银行按揭风险:因房地产经纪人对于按揭机构的资质审查不严格、对整个交易过程的跟进不及时为自己带来的风险。例如,某些私人设立的按揭机构有名无实,在获取房地产经纪人和买卖双方的信任之后,骗取客户的物业或者银行的贷款,如果该按揭机构是由房地产经纪人介绍的,那房地产经纪人也将承担不可推卸的责任。

同行合作风险:因房地产经纪人的合作双方所签订的内部协议其前提就是违法的,故在发生问题时并没有任何的法律效力也不能作为依据。在买卖的双方进行追究的时候,房地产经纪人要承担相应的法律责任的风险。

三、房地产经纪机构风险

房地产经纪机构是房地产经纪业运行的基本载体,是开展房地产经纪业务的基本法律主体,也是大多数房地产经纪人员从事房地经纪活动所必须依附的经济实体。房地产经纪机构的诚实合法经营与对其从业人员的合理管理将促进房地产经纪市场的发展,增强客户对房地产经纪机构的信任,提高整个行业的声誉。由于目前房地产经纪的入行门槛较低,房地产经纪市场上存在很多只有营业执照而没有到房管部门备案的小公司,它们在需要办理成交手续的时候大多会与有资质的房地产经纪机构合作。

房地产经纪机构风险大致分为三种类型:总体风险、个别风险和意外风险。

1. 总体风险

总体风险是指所有的房地产经纪机构都会遇到的风险,由外部环境的变化造成,可控制性较差,当发生这一类的风险时几乎所有的房地产经纪机构都会受到影响。总体风险可以分为市场风险和政策风险。

市场风险:因为市场环境的变化所导致的风险。例如房地产经纪市场的行情的变化将会直接地对房地产经纪机构的运营情况产生影响。

政策风险:因为国家或者地区政府所采取的有关房地产经纪机构的各种政策所发生的变化对房地产经纪机构带来损失的可能性。

2. 个别风险

个别风险是指由于各种各样的不利的因素的影响,而给个别房地产经纪机构的内部带来的不确定性。个别风险包括了经营风险、财务风险以及决策风险等。

经营风险:因为房地产经纪机构的管理不善而造成总体的经营成本增大的风险。

财务风险:因为房地产经纪机构筹措资金遇到困难或者因为财务的经营状况不良而产生的风险。

决策风险:因为房地产经纪机构错误地估计了房地产经纪市场的行情而导致决策失误和行为失当带来的风险。较为常见的一种决策风险是因决策的失误而签订了不合理的经纪合同。

3. 意外风险

意外风险是指人们在风险发生之前无法做出预料的风险,包括自然灾害(例如地震、台风、暴雨等不可抗力灾害的发生)和意外(如客户或者房地产经纪人员的过失行为)所带来的风险。

四、物业状况风险

物业本身的状况如房屋的产权、房屋的整体结构、周边的道路交通以及环境等都是影响交易是否能够成交的重要因素。房屋拥有者即卖方对物业状况进行刻意隐瞒,而房地产经纪机构由于客观条件的限制,也很难做到组织人力对每一套房源进行深入的调查。

物业风险大致可以分为两种类型:产权风险、房屋结构风险。

1. 产权风险

产权风险就是指买卖的双方在签订买卖合同甚至交付定金之后才发现,由于房屋产权的种种问题,房屋无法交易,抑或无法过户,对各方均带来损失的不确定性。产权风险包括了产权瑕疵风险,产权转移风险。

产权瑕疵风险:因房地产经纪人在为客户提供经纪服务之前未到房屋所在地的房地产产权登记部门查询房屋的权属情况,如房屋是否抵押、是否受司法限制等情况,在产权出现瑕疵时,对各方均带来经济损失的风险。

产权转移风险:因房地产经纪人对法律法规了解不多,同时客户的法律意识比较淡薄,而认为诸如集资房等一些特殊性质的房地产交易只需要通过公证手续则可以达到产权转移的目的所带来的出现交易纠纷的风险。

2. 房屋结构风险

房屋结构风险是指在买卖双方交易成功买方入住之后发现房屋结构出现了问题而带来对买卖双方的风险。房屋结构风险包括可见风险和不可见风险。

可见风险:因卖方的故意采取一些交易措施对房屋内部原先可见的缺陷进行掩饰而导致买方在看房时无法发现,入住之后才发现的所产生的风险。

不可见风险:因卖方对房屋一些不可见的信息(如曾出现白蚁、发生非正常死亡等)的刻意隐瞒,而在买方入住后通过邻居或其他途径获知此类的消息所带来的风险。据本次发放问卷调查结果显示,63.06%的受调查者表示,在看房的过程中会主动询问房主有关房屋的特殊事件,而另有36.94%的受调查者会忽略这样的问题。

房地产经纪业务风险类型如表2-3所示。

表 2-3 房地产经纪业务风险类型

一级指标	二级指标	三级指标
委托人及其客户风险	总体风险	政策风险
		市场风险
	单方风险	信息风险
		资金保管风险
	双方风险	跳单风险
房地产经纪人员风险	职业道德风险	促成私下交易
		赚取差价
		泄露资料
		携款私逃
	专业能力风险	房地产经纪专业知识
		相关专业基础知识
		文化修养
	对外合作风险	银行按揭风险
		同行合作风险
房地产经纪机构风险	总体风险	市场风险
		政策风险
	个别风险	经营风险
		财务风险
		决策风险
	意外风险	自然灾害
		意外过失
物业状况风险	产权风险	产权瑕疵
		产权转移
	房屋结构风险	可见风险
		不可见风险

第三章 房地产经纪业务风险因素分析

学习要求

- 掌握：房地产经纪风险的因素类别及其形成的原因；
- 熟悉：房地产经纪风险因素表现形式；
- 了解：与房地产经纪风险形成相关的事项。

第一节 房地产经纪业务风险因素实证调查分析

为全面了解发生在现阶段房地产经纪活动中的风险和相关影响因素，我们以苏州和上海部分地区为调查区域，以问卷调查的形式，针对房地产经纪人、房地产经纪机构和委托人及市场参与方进行了调查。在以往调查的基础上，本次调查分房地产经纪机构、房地产经纪人员、物业状况、委托人及其客户这四个方面风险进行调查，相关情况及数据分析如下。

一、房地产经纪机构

在所有受调查者中，75%的人在房地产经纪交易活动中委托过房地产经纪机构，仅25%的人不曾委托过。这说明大多数的人认为选择房地产经纪机构相对比较方便，并且可以规避一些风险。比如某人有一套房子需要出租，如果自己在网上发布出租信息，就有可能在带领承租人看房的过程中遇到假冒承租实则抢劫的犯罪分子，然而，将房屋委托给房地产经纪机构出租，便可以规避这一类的风险。如图3-1所示，在75%的委托过房地产经纪机构的人中31.1%的委托角色是承租人，这表明在目前的房地产经纪业务量中,出租的业务量要远远大于出售的业务量。这是因为租赁的交易资金以及风险都低于买卖,并且大部分的普通市民没有太多的资金购房,同时由于部分城市限购令的限制,使得部分想买房的买不了房,为了生活所需只能选择租房。

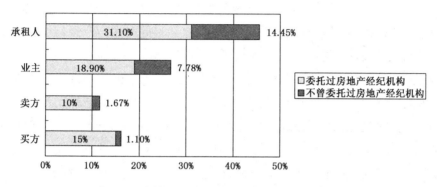

图 3-1 有效调查问卷中各种委托角色的结构图

图 3-2 显示的是客户在选择房地产经纪机构的时候主要选择原因的调查数据。可以看出企业的声誉度是消费者选择该企业的最关键因素,因此房地产经纪机构切不可图一时利益做出有损声誉的行为。调查结果显示大多数委托人在选择房地产经纪机构时,并不十分注重企业的形象,这说明目前的房地产经纪机构在社会公众心中只有大小之分:小型经纪机构一般都是单店注册,抗风险能力较小,信誉度也相对较差;大型经纪机构也仅仅只是规模大,有着众多的连锁店,但是房地产经纪机构的品牌形象尚不突出,这与目前的房地产经纪机构过度关注规模,不注重内在的"含金量"有关,盲目扩张的结局就是在遇到市场疲软等情况时面临倒闭的风险。以苏州为例,随着 2010 年 4 月 14 日国务院调控政策的推出,同年 11 月 3 日苏州政府正式出台了限购令,一周内楼市便出现了量价齐跌的态势,在这其中住宅类商品房环比减少了 311 套,成交均价减少 2 205.33 元/平方米,环比降幅达到 19.33% 之高。

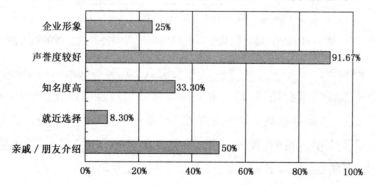

图 3-2 客户选择房地产经纪机构的主要选择原因的结构图

随着成交额的减少,部分中小型的房地产经纪机构只能选择关门,连一些大的房地产经纪机构都处于每月亏钱的状态。

图3-3显示的调查结果是房地产经纪机构公共的营业场所应该公开的文件的被关注度,从高到低依次为合法经营的文件、房地产经纪资质证、规章流程以及收费标准。由此可以看出目前大多数人在委托房地产经纪机构代理自己的交易时,对于收费的标准以及整个的规章流程并不是很关注,如果同时房地产经纪机构也未向委托人进行清楚的解释,将会对接下来交易的顺利完成产生风险。有一案例:某市民通过某房地产经纪机构买了一套二手房,在和卖方、经纪机构签订房屋买卖合同之后,该市民支付了1.2万元中介费用和20万元的首付款。可是就在各项手续都在有条不紊的进行过程中时,该经纪机构突然要求该市民另外支付3 000元的评估费和4 000元的贷款费,然而这两笔费用未曾在合同中有着明确的约定。经纪机构解释,按照合同第五条规定:"甲乙双方办理过户手续所产生的相关费用,乙方承担中介费及过户所产生的费用。"因此,该经纪机构认为他们要求另外收取的费用是合情合理,并且收费标准也是属于行业的行规。最后该市民无奈地交了7 000元,并表示"今后再买房,一定要和中介把所有收费项目、标准弄清楚,免得交了冤枉钱"。由此,对于经纪机构的合法经营的文件以及房地产经纪资质证的关注必然不可少,但是同时也要加强对各收费标准和规章流程的关注,以免遭受不必要的损失。

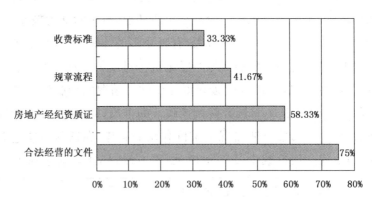

图3-3 客户对房地产经纪机构公共的营业场所应该公开的文件的被关注度

图3-4的调查结果显示在此次调查问卷中有58.33%的人选择房地产经纪机构的时候偏重于选择多家委托,他们认为委托多家公司放盘可以让待售的房产的信息得到广泛的传播,从而寻找到卖家的速度更快,不过仍有41.67%的人认为独家委托的委托关系更为安全。目前,我国的房地产经纪行业的"一盘多放"的现象还是比较普遍的,委托代理关系也以开放性代理关系为主,卖方可以同时邀请多个经纪人为其服务,第一个促成交易的经纪人将得到事先约定的佣金报酬,同时如果卖方自己

售出房源，卖方将无需向经纪人支付佣金报酬，经纪人所有付出的劳动均得不到回报，这对经纪人以及经纪人所在的经纪机构而言带来了一定的损失。显然，开放性代理关系在法律规定齐备的情况下对经纪人是缺乏吸引力的。美国、加拿大等国家的委托代理关系广泛采用独权代理方式，并有一套与之配套的MLS系统。该系统规定，卖方只能委托一家经纪机构代理，但是接受委托的这家经纪机构的经纪人必须立即将得到的房源公示在MLS系统上，从而使得所有加入了该系统的经纪人都能够看到该房源的信息，然后去寻找买家，谁先促成买卖双方的交易达成，谁就能作为买方的经纪人与卖方的经纪人分享卖方支付给卖方经纪人的佣金，买方则不必支付佣金。

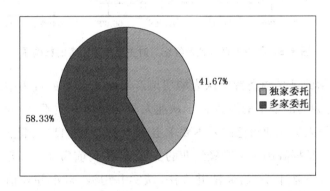

图3-4 客户选择房地产经纪机构的委托方式的结构图

二、房地产经纪人员

图3-5显示的是客户在选择经纪人时主要考虑的因素的调查结果。数据显示，目前大多数的客户在选择经纪人时最看重经纪人的专业知识和经验，其次就是服务态度，大多会忽略经纪人的个人信誉以及执业资质。我国目前房地产经纪行业存在这样一个现象，在十几万的从业人员中，只有19 679人拥有执业资质，占比不超过20%，并且大部分拥有经纪人资质的人并不真正从业，仅仅是将自身的资质挂牌在某家经纪机构，收取一定费用之后便为之所用。从业人员的入行门槛之低导致了管理的混乱，素质也是良莠不齐，各种违法行为在高额收入的诱惑下屡禁不止。这是因为我国目前绝大部分的经纪公司与经纪人之间是一种雇佣的关系，经纪公司对经纪人的要求很低，低价招收员工，进行一下速成的培训便可以上岗工作来为公司赚取佣金。美国政府在20世纪70年代就开始了所谓的独立合同制下经纪人的特殊就业方式，这种特殊的就业方式结束了经纪人与公司之间的雇佣关系。这种合同制的就业形式使得经纪人的积极性得到了更大的提高，并且完美地解决了经纪人与公

司的一些矛盾。实践证明,美国的独立经纪人的形式,中国市场的客观环境无法提供其本质的存在条件,故难以成为主流。

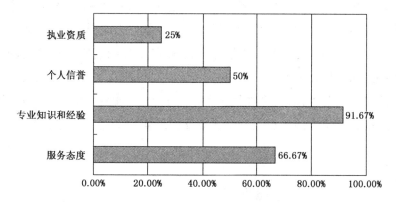

图3-5 客户选择房地产经纪人时主要考虑因素的结构图

图3-6显示的是受调查者所认为的房地产经纪人员不良行为中最为普遍的行为,产生这些行为的最根本的原因在于从业人员的整体素质不高,职业道德观念淡薄。房地产经纪人员职业道德的基本要求主要体现在职业良心、职业责任感和执业理念三个方面。根据我国房地产经纪业的实际情况,目前房地产经纪人员在职业道德方面应符合以下基本要求:懂法并守法、诚实并坦诚、自重并守信、尽职并守责。同时,另外一个原因在于房地产经纪行业相对于其他行业而言是个高收入行业,很多从业人员均是奔着高收入才从事该行业,因此为了得到更高的收入不免会导致各种违法行为的产生。

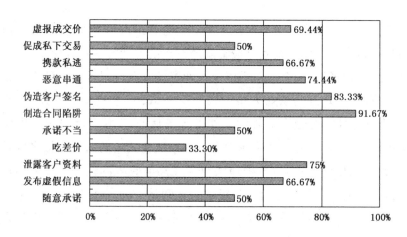

图3-6 客户对房地产经纪人员不良行为的认知度

三、物业状况

图 3-7 数据显示本次问卷的受调查者们对于房屋情况的关注程度由大到小排列依次是房屋物质组成＞房屋产权＞房屋是否发生过特殊事件。

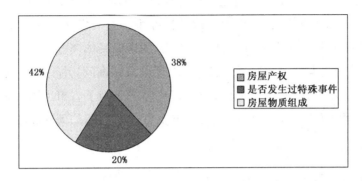

图 3-7　客户对于房屋情况的关注度

房屋的物质组成包括四个方面，依次是房屋建筑材料、房屋建筑地基、房屋内部设施以及房屋外部环境。

由图 3-8 可见，在房屋的物质组成中 82.5％的人最关注房屋的内部设施，因为这些都是在看房过程中直接可见的，而对于无法直接可见的建筑地基情况，只有 25.56％的人会在意。另外，关注房屋外部环境的人的比例也是较大的，达到 70.56％，人们对于外部环境的要求包括了交通、娱乐、医疗以及教育，有一部分受调查者表示他们还比较注重小区的绿化率或者在小区附近是否有一些绿地的公共设施。可见，随着生活水平的不断提高，人们对于房屋外部环境的要求也在不断增多。

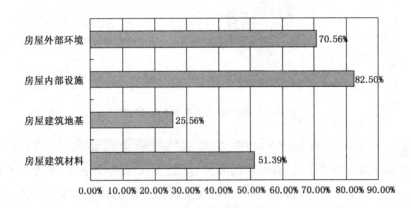

图 3-8　客户对房屋物质组成的关注度

对于房屋是否发生过特殊事件，如非正常死亡，63.06％的受调查者表示，在看房的过程中会主动询问房主,并且大多数人在询问完房主之后还会选择去询问小区的物业管理部门。但是,仍有36.94%的受调查者表示可能不会考虑到去关注房屋是否发生过特殊事件,并且其中的大多数不会就此类问题与卖方在合同上制定相应的违约责任,这将导致购房成功后出现纠纷很难处理,买方承受巨大的损失。

同时在特殊事件中出现白蚁是一个比较严重的风险,针对房屋的客体,在长三角地区,由于自然环境的因素,出现白蚁的情况也是时有发生。鉴于调查困难的原因,不太好调查出各地区出现白蚁的比例因素,故未做具体调查。

80%的受调查者表示在房屋产权问题上仅仅只做询问,并不会去对应的房地产交易中心调取房屋的产权信息进行查看,某些经纪人为了省事或者其他原因,也会忽视对房屋产权的检查,这将导致买卖双方签订合同之后却无法正常过户,造成三方的损失。

四、委托人及其客户

图3-9结果显示问卷调查中委托人是否选择私下交易的比例,如果有私下交易的机会,8.30%的人会直接选择私下交易,58.40%的人可能会选择私下交易,只有33.30%的人明确表示不会选择私下交易。

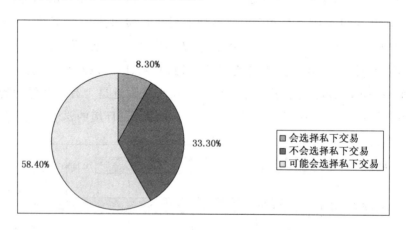

图3-9 客户对私下交易的认知度

在进一步的调查数据显示,在58.40%的可能会选择私下交易的人中有72.38%的人表示会依据经纪人提供的服务与佣金的价格的匹配度来决定最终是否选择私下交易,22.86%的人表示会因为避免支付佣金而选择私下交易,仅4.76%的人表示会选择私下交易是担心房地产经纪机构从交易中吃差价。

同时,77%左右的受调查者认为在交易过程中不需要律师的陪同,这就导致在交易出现纠纷的时候会有证据不全无法核定责任的情况出现,而如果有律师的参与便可以在很大程度上降低出现此类情况的概率。

第二节　房地产经纪业务风险因素分析

对房地产经纪活动面临的风险因素的分析,是在风险类型分析的基础上,对引起这些风险类型发生的原因进行更加深入的分析。前面章节所述的风险类型的房地产经纪风险因素主要有以下几种(表 3-1):诚信观念风险因素、操作风险因素、行业以及企业管理风险因素、法律法规制度风险因素、宏观经济及政策的调控风险因素等。下面将对这些风险因素做出具体的分析。

表 3-1　房地产经纪风险因素表

一级因素指标		二级因素指标	
1	诚信观念风险因素	1.1	客户诚信观念缺失
		1.2	房地产经纪人员诚信观念缺失
2	操作风险因素	2.1	虚报成交价
		2.2	伪造客户签名
3	行业以及企业管理风险因素	3.1	行业管理不善
		3.2	企业管理不善
4	法律法规风险因素	4.1	规范不健全
		4.2	标准难以界定
5	宏观经济及政策的调控风险因素	5.1	对买卖双方的影响
		5.5	对房地产经纪机构的影响

一、诚信与观念因素

1. 客户诚信观念缺失

如果客户诚信观念缺失,就会发生前面章节提到的诸如"跳单"等不良行为。通过调查发现发生"跳单"现象的最大原因有三个:一是房地产经纪机构在提供服务之后是需要收取总成交价1‰的佣金,如果互相私下交易,也就可以避免支付这笔费用;二是目前房地产经纪市场没有一套完整的针对"跳单"者实施的预防和监控系统,导致了房地产经纪机构很难发现"跳单"者;三是房地产经纪机构在发现客户"跳单"之后为了避免麻烦,宁愿吃些亏,选择与客户私了。综合考虑这三个原因,最根本的原因在于客户诚信观念的缺失,如果诚信观念强的话就不会为了省去佣金而绕过房地产经纪机构进行私下交易了。

2. 房地产经纪人员诚信观念缺失

如果房地产经纪人员诚信观念缺失,就会发生前面章节提到的诸如"吃差价"等不良行为。虽然导致这些行为出现的原因不仅仅在于诚信观念的缺失,但是它却是最根本性的原因。在房地产经纪人员的职业道德的基本要求中,诚实并坦诚是要求之一,因为与普通的商业服务业相比,房地产经纪人员及其就职的房地产经纪机构,并不实际具有实体物质形态的商品,要想使买卖双方相信自己的最基本要素就是"诚"。例如一些人伪造证件诈骗的原因,除了不法分子的有意为之之外,更大的原因在于房地产经纪人员对于委托人的信息审查的不严谨,如果房地产经纪人员能够严格的对委托人的信息进行审查,不法分子也钻不了这样的漏洞。由此可以体现出加强房地产经纪人员尽职尽责的道德观念的重要性。房地产经纪人员绝不能图轻松而省略对卖方委托的房源的审查过程,审查时也不能马马虎虎,敷衍了事。

其实,委托人或者客户这样的房地产交易主体可以通过聘请律师来弥补自身对房产知识的缺失,但是据此次针对房地产经纪风险做出的问卷调查的结果显示,仅有23%的人会在房地产经纪活动中考虑选择聘请律师,大多数人要么是为了节省费用要么是觉得没有必要都不考虑选择聘请律师,这就加大了房地产经纪活动中一些风险出现的可能性。

二、操作规范性因素

操作风险因素主要体现在虚报成交价、伪造客户签名等操作不规范方面。

房地产经纪人员在开展经纪业务时,由于具体的操作由经办人直接办理,许多操作无法集中处理,因而存在不少由于不规范的业务操作引起的风险,这对房地产经纪机构带来的损失最大。

房地产经纪人员的不规范操作主要表现在:为了促成交易,通常在客户的要求下虚报成交价;为了贪图一时的方便或者担心客户责怪,在一些经客户签名的文件因某种原因不符合有关部门的要求的时候,会重新准备文件并伪造客户的签名。

在此次问卷调查的受调查者中69.44%的人表示无法接受房地产经纪人虚报成交价的行为,虽然虚报成交价在某些程度上可以减轻买卖双方的税费,但是他们认为房地产经纪人员肯定不会无偿地帮你虚报成交价,并且一旦被查出比较麻烦;83.33%的人认为无法接受房地产经纪人伪造客户签名的行为,他们表示房地产经纪人员这样做相当于对客户隐瞒情况，侵犯了客户的知情权。

三、行业以及企业管理因素

行业以及企业管理风险因素表现在：企业管理和行业管理。

1. 企业管理

企业管理不善包括了对其从业人员的团队培训管理、薪资标准平衡管理、日常行为管理等的不善，以及自身投资经营的管理不善。

对其从业人员的团队培训管理不善体现在其从业人员专业性不足上，当前的房地产经纪企业的专业人才不足，培训体制滞后，尤其是在职培训和职业提升机制缺乏，导致从业人员的专业素质不高，不仅无法胜任一些客户的专业化、个性化以及增值化的服务要求，更限制了企业向高度的发展，使得企业的后劲不足。

对其从业人员的薪资标准平衡的管理不善，将会导致部分从业人员对薪资的不满，从而通过协助客户跳过企业私下交易来独自赚取佣金，对企业造成经济上的损失。

对其从业人员的日常行为管理不善表现在对从业人员日常行为的约束性不强上，一些企业只注重其从业人员的业绩而忽略其行为，这造成了部分从业人员为了促成交易而不择手段，如恶意串通、威胁恐吓和隐瞒信息等恶性行为。

企业自身投资经营管理不善体现在资金实力不足，内部资源的流失与分解等问题上。房屋的单位价值相对于其他产品是较高的，因此，房地产经纪机构不仅需要优质的服务，更需要足够的资金作为支撑。但是，从目前苏州市房地产中介机构的实收资本分析，112家法人单位的实收资本总额为8 498万元，平均每户实收资本仅为75.9万元，其中具有国有资本背景的中介机构资金优势较为明显，如苏州住房置业担保有限公司和苏州房产交易所的实收资本分别为500万元和3 500万元；而私营中介机构户均实收资本仅为45万元，个体中介的资金更是难以保证。一些较大规模的房地产经纪机构会出现分家的问题，分家的时候围绕客户的问题会出现各种矛盾与纠纷。分家不仅导致总体实力被削弱，更大大折损了公司在客户心中的形象。

2. 行业管理

目前行业管理不善体现在当房地产经纪交易中出现有关物业问题的纠纷时，往往找不到相应的部门来处理，这是由于目前房地产经纪行业的管理机制有着政府管理职能不清、行业协会的作用不显著的现象。政府管理职能不清的原因在于当房地产经纪交易活动中出现纠纷时,各部门经常会对所出现纠纷权属进行推诿,均不认为是属于自身管辖范围内。目前,涉及房地产经纪企业的管理机构包括县级以上人民政府建设(房地产)主管部门、价格主管部门、人力资源和社会保障主管部门等,但是在具体事务运作的过程中,有着"铁路警察,各管一段"的现象。房地产经纪行业的管理是一个系统的管理,各个模块之间环环相扣,如房地产经纪企业的团队管理、进入推出机制管理、薪资标准平衡管理、日常行为管理等,其管理意愿、管理权限、管理信息、管理行为都是联系在一起的,体制不顺,必然导致有意愿的无权限,有权限的无意愿,有意愿、有权限却缺乏操作渠道和资源等。另外部分房地产经纪机构的"官办"色彩比较浓厚,有一些房地产经纪机构是由政府投资兴办或者是挂牌政府的。行业协会的作用不显著的原因在于行业协会作为民间组织,它的独立地位得不到确立,与行政管理部门在职能上混淆不清。

四、法律法规因素

随着房地产经纪法律制度与规范的不断建立,房地产经纪活动秩序日渐完善。但同时随着房地产中介经纪交易量的逐渐增大和房地产市场环境的不断改变,新的问题也在逐步发生,这就要求相关法律制度与规范也要不断完善。

就目前市场情况的表现,由于规范尚不够健全和具体,且存在一些规范前后不一致,导致了标准难以进行界定,主导权不明确,法律责任和行业的解释不清楚,具体操作者难以操作等问题的产生。以致遇到事情的时候只能凭借市场管理部门或者管理人员各自的推断来进行决定,有着很大的随意性,由此会反复产生同样的问题,有的时候同样的问题甚至会产生相反的结果。

首部针对房地产经纪行为的全国性法律《房地产经纪管理办法》于2011年4月1日正式实施,该办法不仅规范了房地产经纪机构与其从业人员的行为,对买卖的双方都能产生一定的约束能力。但是该办法中的很多细则尚未得到具体的颁布,鉴于房地产经纪行业拥有着巨大的利润,这使得一些房地产经纪机构及其从业人员与一些不良的买卖方铤而走险,有法不依,钻法律的漏洞。所以有关房地产经纪的法律法规还是需要不断地进行完善。

五、宏观经济及政策的调控因素

宏观经济及政策的调控风险因素主要表现在买卖双方以及房地经纪机构的影响上。

1. 对买卖双方的影响

由于房地产是国家宏观调控的主要产业，经常会受到如利率风险、税收风险、金融风险、限购风险等政策的约束。例如2010年4月14日国务院调控政策的推出之后，各地纷纷推出了有关房屋限购，以及房产税的具体实施细则。对于卖方来说，出售一套房屋的时候，不仅潜在买方的数量减少，如果房屋产权期限、房屋面积，以及是否是唯一住宅、出售价格达不到免去部分税的要求，还要缴纳相对较多的房产税等各种税务。对于买方来说，限购令的出台限制了买房的自由，即便是有钱也买不了房，尤其对于部分靠投资房产来盈利的人，不再如之前一般有利可图。

2. 对房地产经纪机构的影响

以宏观经济对房地产经纪机构的影响为例，宏观经济的影响是客观存在且无法避免的风险。社会对消费的需求会随着经济的衰退大幅度减缩，房地产也不例外，并且作为长线的耐用消费品，往往遭受的冲击最大。比如在经济处于低迷消沉状态的时候，很多准备购房者的工作受到了影响，失业或薪资降低，最终导致放弃预期的购房计划，由此房地产经纪企业的收入降低，企业即便是降低运营的成本仍无法改变亏损的状况。

我国对房地产的重要宏观调控分别发生在1993年、1998年、2003年、2005年、2008年、2010年。国十条、国八条、国六条、（新）国十条、23号文件、18号文件等这些是代表性的调控政策。这几个政策对于加强房地产市场的调控，稳定房价，引导房地产市场健康发展，保障普通群众的住房需求以及实际的利益有着不可忽视的重要意义。但是，这些政策也同时造成了房地产投资者数量的明显减少，售房者以及自住需求的购房者都处于对市场变化的观望状态，交易量急剧萎缩导致了一些竞争力不强的房地产经纪企业因为适应不了新政而出现不断亏损的状况直至倒闭。

第四章 房地产经纪业务风险防范

学习要求

- 掌握:房地产经纪业务风险防范的含义和路径;
- 熟悉:房地产经纪风险控制的措施;
- 了解:房地产经纪风险评估与评价的方法。

第一节 房地产经纪业务风险防范

风险是指引起损失产生的不确定性。其定义包含了损失与不确定性两个因素。风险是人们难以确定何时、何地、何种程度发生损失的可能性。在企业的发展历程中,风险无时不在、无处不有,既有源于企业外部的不可控因素导致的风险,也有源于企业内部可控因素导致的风险。

房地产经纪业务的特点决定了房地产经纪业进行风险防范的必要性。房地产经纪业务所涉及的交易方式、合作单位、客户、房地产信息等,其特征都较为复杂,也较容易发生变化,这就使房地产经纪业务所面临的风险也具有复杂、多变等特点。如何辨别、分析防范和控制经营风险,已成为企业内部控制制度的重要内容之一。

一、房地产经纪业务风险防范的含义

对房地产经纪风险的防范指的是在进行房地产经纪活动之前就对会出现的风险有所了解,并针对这些风险在经纪活动发生之前就制定一些防范措施,以降低损失发生的可能性及损失的程度。

风险的防范涉及一个现时成本与潜在损失比较的问题,若潜在的损失远大于采取防范措施所支出的成本,就应该采用防范风险的手段,而若采取防范措施所支出的成本远大于潜在的损失,便不必采取防范风险的手段。例如,为了防止房地产经纪人员在办理产权过户的时候怕麻烦客户而伪造客户签名,特地开设一个部门对字迹进行甄别,这所支出的成本就远大于了潜在的损失,所以是没有必要为此制定这样的防范措施的。为了防范这样的风险,房地产经纪行业管理部门可以制定一套针对房地产经纪人员的不规范行为的罚款系统,通过现金处罚手段来防范该风险的发生,所支出的成本也远小于潜在的损失。

二、房地产经纪业务风险防范的路径

1. 内部风险的控制与防范

房地产经纪业的内部风险主要来自于经纪人员、经纪企业的社会诚信、合同纠纷等。

目前,我国房地产经纪机构中高素质人才缺乏,从业人员学历层次不高,从业时间短,业务素质低,专业知识贫乏,急功近利思想严重。一些经纪人员缺乏对公司的忠诚度,在办理业务的过程中,损害公司利益,或者是因为顾客与自己有关系,私下里帮助顾客达成协议,收取的中介费不上交公司而是中饱私囊。一些经纪人员欺骗消费者,骗取佣金、定金。这些行为,既损害了消费者的权益,又直接给企业带来了经营风险。

而且,很多房地产中介缺乏消费者的普遍认可、行业信用差。房地产中介公司在近年的快速发展过程中,一些不思远虑、但求近见的公司,由于内部经纪人、业务员的素质良莠不齐,利用目前一些尚不规范或管理不健全的空隙,投机取巧,不择手段,不讲信用,甚至欺诈牟利。这在社会上造成了极其不良的影响。人们对房地产中介均采取一种不信任的态度。房地产中介商的短期行为,是行业缺乏诚信的重要原因。

另外,由于现有法律法规尚不够完善,加上房地产经纪行业本身涉及面广、不确定性多的特点,房地产经纪行业是产生社会矛盾和纠纷较多的一个经济领域,合同纠纷也成为房地产经纪业面临的风险之一。合同纠纷既有因合同不规范造成的,也有因缔约过失造成的,主要是在签订合同前未进行最充分的协商,造成双方并未在对合同中主要事项达成一致的情况下签订了合同。房地产经纪人在与委托人约定订立合同时,利用委托人的不知情,订立有利于自己而不利于委托人的合同,合同内容存在明显的权利义务关系不等,对委托人不利或对委托人造成损害,也是房地产经纪业发生较多的现象。

鉴于此,房地产经纪机构首先需要建立科学合理的人力资源管理机制,采取切实有效的措施来提高员工的执业素质和对公司的忠诚度。既包括对员工的职业道德教育和业务素质教育,又要制定科学合理的激励制度。其次,在公司内部设置科学的业务流程,建立制约机制,实行专业化分工,合理分配信息资源,增强员工对公司的依赖性,发挥经纪人员的团队合作精神,抑制极端个人主义,最大限度地减少员工做"私单"等现象。

而房地产经纪公司要取信于民、取信于社会,就应加强自律,严格按规范提供经纪服务,实事求是,收费透明。同时还要树立品牌,品牌是公司信誉和服务质量的象征,只有树立品牌,经纪公司才可以在行业中脱颖而出,获得社会认同。

为减少合同纠纷带来的风险,一方面要提高经纪人员的业务素质,另一方面应摒弃不完善的企业格式合同文本,启用行业推荐的合同文本。为减少房地产经纪纠纷,我国房地产管理部门和房地产经纪行业组织制定了房地产经纪合同示范文本。例如,中国房地产估价师与房地产经纪人学会2006年发布的《房地产经纪业务推荐文本》。房地产经纪人在编制合同或者起草附录时必须清楚自己的权利范围:充分重视业务承揽工作,认真签订每笔业务合同;在全面了解业务合作伙伴的前提下,研究拟定商务谈判方式;充分准备,抓好合同签订前的审查;特别注意对合同内容的审查,即双方权利和义务条款的审查。

2. 外部风险的控制与防范

房地产经纪业的外部风险主要来自于市场欺诈和市场竞争的风险。

市场欺诈最显著的表现是"跳单"。所谓跳单,就是指在房地产交易过程中买卖双方为逃避咨询费,而在接受经纪人咨询、带客户看房服务后而避开中介进行私下交易的行为。"跳单"现象的发生是因为:首先,房产中介提供服务后一般要收取总成交价一定比例的中介服务费,如果避开中介,自己私下交易,则有可能省下这笔中介费;其次,中介的法律地位薄弱,无法对"跳单"者实施有效的防范和监控,导致大多数"跳单"者很难被中介发现;最后,个别市民素质不高,他们既想获取中介的房源信息,又不愿支付相应的费用,没有意识到窃取信息也是一种偷盗行为。此外,"跳单"者即便被中介碰巧发现,许多中介也认为诉诸法律耗不起人力物力,宁愿吃点亏,少收一点"私了"了。

另外,在我国房地产经纪行业发展过程中,由于市场准入门槛低,在短时期内涌现了大批不同层次的中介公司,在操作过程中,同一项业务若委托两家中介公司办理,这两家的收费就会相互压低而力争获取办理权。像这种行业之间的恶意竞争,既成了行业难以扩大规模发展壮大的原因,又直接带给经纪公司较严重的经营风险。

防范此类风险,经纪公司需要做到:在提供服务时要增强法律保护意识,与业主或客户签订明细的合同条款,同时向其介绍自身的业务流程及成本支出情况,以取得他们的认同和理解;政府有关部门要加大执法力度,要对逃避支付佣金的行为予以制裁。同时,经纪机构应该学习国际上房地产经纪行业的先进经验,加大业务创新方面的投资,探索、引进先进的房地产经纪运行模式,拓展业务范围,延伸服务领域,改进服务理念,提高服务技术,探索新的业务类型和经营方式。

三、房地产经纪业务风险防范措施

1. 建立和完善房地产经纪机构以及经纪人员准入机制

设立房地产经纪机构应当向工商行政管理部门登记领取营业执照,到税务管理部门领取税务登记证,到房产管理部门登记备案后,方可开业。

虽然2011年出台的《房地产经纪管理办法》针对行业准入门槛低的问题,对房地产经纪机构的设立制定了人员条件的规定,并同时强化了经纪机构的备案管理。但是对房地产经纪机构市场准入的相关机制还需要进一步的完善。建议在立法上建立房地产经纪机构资质优先于工商部门注册制度,即要求房地产经纪机构在进行工商登记之前,先通过房地产行政管理部门对经纪机构的资质进行审查,审查通过之后方可去工商部门领取营业执照,这样便可以形成一个较为有效的房地产市场监管体系。

房地产经纪人员的职业资格,在很多国家和地区也都是实行准入制的。比如美国,每个州都设置了专门的经纪人执照制度,必须获得本州的执照才能在本州执业;我国香港地区也有专门的地产代理监管局,负责发放和管理经纪人牌照。然而,在我国目前的房地产经纪市场要求做到只有取得房地产经纪人执业资格或者房地产经纪人协理执业资格并经过注册的人员才能从事房地产经纪活动是比较困难的,并且在短时间内无法实行。但是可以对从业人员设置进入门槛,对无证的从业人员采用强制培训的制度,通过慢慢过渡的形式,确保在五年的时间内所有的从业人员均具有从业的执业证。

2. 规范房地产经纪机构与从业人员行为

规范房地产经纪机构以及从业人员的行为的途径之一就是要加强对房地产经纪机构以及从业人员的服务意识以及各种专业知识的培训,提高从业人员的整体素质。

面对目前大量从业人员学历不高,不曾接受过有关房地产经纪知识、法律知识、税务知识等各种专业知识培训的现实,开展现有从业人员的业务培训计划,强制要求各房地产经纪机构定期组织从业人员参加培训。培训按照从业人员是否有执业资格证,分成两种:一种是对无证人员的获证培训,一种是对有证人员的持证培训。

3. 加强交易资金管理,保障交易资金运行安全

近几年出现的房地产经纪人员携款私逃,房地产经纪机构挪用放款的事件使得交易资金的安全性得到了非常大的重视,各地纷纷针对交易资金的安全制定了政策,苏州市就规定房屋的交易结算自己的存储以及划转必须通过银行转账的方式进行,不得支取现金,为了确保资金的安全运行,所有的操作必须严格地按照客户约定的支付条件以及方式进行。笔者建议,尚未建立资金监管机构的地区要及时建立并向已经建立的地区借鉴经验,已经建立资金监管机构的地区要通过进行不定期的抽查工作来加强监管的力度。

4. 建立和完善房地产经纪网上服务平台

在现代信息技术发展日新月异的时代,通过对网络系统的合理运用来为房地产经纪市场服务可以提高经纪机构交易信息的透明度。通过房地产经纪签约系统的开通,可以构建一个统一的具有待出售房源查询、网上签约、交易过户等功能的信息平台,有助于汇总房地产经纪市场的房源供求信息,方便交易当事人查询房地产经纪交易的有关信息。同时,网上签约可以方便房地产交易中心与有关的银行进行合作,开展资金监管的服务,保障了客户的资金安全。

第二节 房地产经纪业务风险控制

一、房地产经纪业务风险控制的含义

房地产经纪活动中一些风险可以通过风险防范措施来降低风险发生的可能性,

减小损失。但是在房地产经纪活动的过程中,总会随时发生一些事情,这些事情是不能通过事先做出防范措施来解决的,这个时候就需要采取风险控制手段。例如,在房地产经纪交易的过程中,作为促成房地产经纪交易的经纪人,可能会为了自身的利益产生各种各样的恶性行为,一些行为因为发生的较频繁可以通过防范措施来进行防范,而一些行为可能在不同的情况下有着不同的发生方式,这个时候只能通过风险控制手段来对交易过程中随时产生的不确定性进行控制。

二、房地产经纪业务风险控制措施

1. 加强对房地产经纪机构以及从业人员的从业行为的执法检查力度

除了目前出台的有关房地产经纪的执业规则之外,可以通过建立并完善经纪机构和从业人员的信用档案系统和具体有效的奖惩机制来控制房地产经纪活动过程中不断滋生的恶性行为。建立经纪机构信用档案系统,将经纪机构是否有营业的执照、是否在房管部门备案、是否有过违法违规经营等各种各样的有关经纪机构的情况及时地录入系统并做到即时更新,同时还要提供面向大众的查询以及投诉的服务。建立从业人员信用档案系统,将从业人员的不良信息及时录入系统,恶性行为达到一定次数的将其列入"黑名单"并通过媒体向社会曝光,若出现犯罪行为的可以通过公检法机关及时地追究其责任。

2. 建立和完善法务保障机制

法务保障体系的建立是房地产经纪当事人对经纪活动中的风险进行控制的最佳方式。房地产经纪当事人可以通过聘请律师参与到整个房地产经纪活动过程的方式来控制产生风险的可能性,或者对已经产生的风险的控制来减小损失。

第三节 房地产经纪业务风险估计与评价方法

我国房地产经纪业尚处于发展之中,从业人员和经纪机构对风险认知和科学预测的意识尚未形成,同时,学术界对房地产经纪业务风险估计方法的研究尚不深入,因此,本节内容以探讨的方式就房地产经纪业务风险估计与评价方法做出如下阐述,供学习和阅读者参考。

一、房地产经纪业务风险估计的方法

1. 盈亏平衡分析

盈亏平衡分析是在完全竞争或垄断竞争的市场条件下,研究项目生产成本、产销量等可变因素与盈利之间关系的方法。对于一个项目而言,随着产销量的变化,盈利与亏损之间一般至少有一个转折点,我们称这个转折点为盈亏平衡点 BEP(Break Even Point)。在这点上,营业收入与成本费用相等,既不亏损也不盈利。盈亏平衡分析就是要找出项目方案的盈亏平衡点。此原理用于房地产经纪企业,对房地产经纪企业的销售能力而言,盈亏平衡点越低,房地产经纪企业盈利的可能性就越大,对不确定性和风险的承受能力就越强。

盈亏平衡分析的基本方法是建立成本与产量、营业收入与产量之间的函数关系,对于房地产经纪企业而言,就是要建立成本与销量、营业收入与销量的函数关系,通过对函数及其图形的分析,找出盈亏平衡点,为控制可变因素提供依据。

盈亏平衡分析有线性盈亏平衡分析、非线性盈亏平衡分析以及互斥方案的盈亏平衡分析,本文根据房地产经纪企业的特点,采用的是线性盈亏平衡分析的方法,基本公式为

年营业收入方程:

$$R = P \times Q \quad \text{(公式 1)}$$

年总成本费用方程:

$$C = F + V \times Q + T \times Q \quad \text{(公式 2)}$$

年利润方程:

$$B = R - C = (P - V - T) \times Q - F \quad \text{(公式 3)}$$

式中,R 表示年总营业收入;P 表示假设每栋房屋的销售价格一致的情况下的单位佣金价格;Q 表示的是年销售量;C 表示的是年总成本费用;F 表示的是年总成本费用中的固定成本;V 表示的是每套房屋出售过程佣金中的变动成本;T 表示的是每套房屋的销售税金;B 表示的是年利润。

当盈亏平衡时,$B=0$,则年销售量的盈亏平衡点:

$$BEP_Q = \frac{F}{P - V - F} \quad \text{(公式 4)}$$

营业收入的盈亏平衡点:

$$BEP_R = P\left(\frac{F}{P-V-F}\right) \quad \text{(公式 5)}$$

盈亏平衡点的销售能力利用率：

$$BEP_Y = \frac{BEP_Q}{Q} = \left(\frac{F}{P-V-F}\right)Q \times 100\% \quad \text{(公式 6)}$$

经营安全率：

$$BEP_S = 1 - BEP_Y \quad \text{(公式 7)}$$

平衡点的销售能力利用率一般不应大于75%，经营安全率一般不应小于25%。每套房屋的佣金价格的盈亏平衡点：

$$BEP_P = \frac{F}{Q} + V + T \quad \text{(公式 8)}$$

每套房屋变动成本的盈亏平衡点：

$$BEP_V = P - T - \frac{F}{Q} \quad \text{(公式 9)}$$

假设某房地产经纪企业的年销售能力为200套/年，单位房屋佣金价格为3万元/套，其成本估算如下，年总固定成本费用为220万元，单位房屋可变成本为1万元/件。此外，假设每套房屋的销售税率为10%（销售税金为0.3万），则根据以上的公式，该房地产经纪企业的年利润为120万元，盈亏平衡点的年销售量为129.4套，盈亏平衡点的营业收入为388.2万元，盈亏平衡点的销售能力利用率为64.7%，经营安全率为35.3%，盈亏平衡点的佣金价格2.4万/套，盈亏平衡点的单位房屋佣金变动成本为1.6万/套。该房地产经纪企业的亏损区间和盈利区间如图4-1所示。

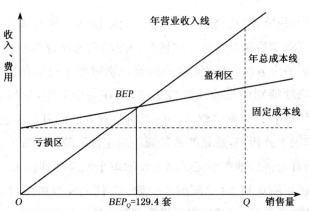

图 4-1 线性盈亏平衡分析图

2. 敏感性分析

敏感性分析研究在房地产经纪企业寿命周期内，当房地产经纪企业交易活动中某个不确定因素（如销量、佣金价格、固定成本、变动成本、房地产经纪活动寿命周期、固定资产投资、流动资金、汇率等）的变动对房地产经纪活动性能指标（如净现值、内部收益率等）的影响。通过敏感性分析，房地产经纪企业风险分析人员可以知道是否需要用其他方法做进一步的风险分析。如果敏感性分析表明，房地产经纪企业交易活动不确定因素即使发生很大的变动，房地产经纪企业交易活动性能指标也不会发生很大的变化，那么就没有必要进行费时、费力、代价高昂的概率分析。根据房地产经纪企业交易活动中不确定因素每次变动的数目，可分为单因素敏感性分析和多因素敏感性分析。

目前国内的大多数经济评价中，对内部收益率进行的敏感性分析由于计算问题无法解决多因素变化时对内部收益率的影响，而且实际运用的方法采用如内插法、迭代法等近似方法，这显然不符合实际问题。因为在房地产经纪企业交易活动的计算期内，随着经济形式的发展，会有很多因素同时发生变化，只考虑单因素变化，会造成低估经济评价风险后果，从而会给房地产经纪企业带来严重的损失，因此，在一般项目的经济评价中，应尽可能做多因素敏感性分析。

二、房地产经纪风险评价的采用方法

房地产经纪活动风险评价的方法一般分为定性和定量的两大类。

1. 定性风险评价方法

最简单的定性风险评价方法是在房地产经纪活动的所有风险中找出后果最严重者，判断这最严重的后果是否低于房地产经纪活动的评价基准。对上述方法加以改善，可以得到另一个方法，该方法利用风险识别时加工过的信息和资料把那些引起大多数麻烦、必须特别注意的风险找出来，列在一个表中，然后对照风险评价标准，把未达到评价标准的从表中删除。在上面两种方法的基础上进一步完善，产生了主观评分法和层次分析法，这是两种最通用的定性风险评价方法。

主观评分法首先将房地产经纪活动主要的单个风险都列出来，并为每一个风险赋予一个权值，例如从 0 到 10 之间的一个数。0 代表没有风险，10 代表风险最大。然后把各个风险的权值都加起来，再同风险评价标准进行比较。

主观评分法容易使用，其用途大小取决于填入表中数值的准确性。

2. 定量风险评价方法

定量风险评价方法主要有风险报酬法、决策树法、外推法、解析法、蒙特卡罗模拟法等。在本文中主要采用风险报酬法。

风险报酬法又称调整标准贴现率法,这种方法除考虑资金的时间价值外,还认为资金具有风险价值,即投资者因在投资中冒风险的报酬。风险越大,风险报酬越大;风险越小,风险报酬越小,风险报酬的大小随房地产经纪活动的类型不同而变化。房地产经纪活动中的风险可根据对风险主观估计判断而进行粗略划分,如可以划分成无风险、低风险、中等风险、高风险四类。

在风险评价时,除采用标准的贴现率外还必须考虑风险的报酬问题,即考虑将各方案分为若干等级,不同的风险方案规定一个与之对应的风险贴现率。此时采用的标准贴现率应该是无风险贴现率和调整风险贴现率之和,以此作为基准评价方案的可取性。此时房地产经纪企业的净现值(NPV)表示为

$$NPV = \sum_{t=0}^{n} \frac{NCF_t}{(1+I)^t} \qquad \text{(公式 10)}$$

式中,t 为房地产经纪企业活动周期;NCF_t 为第 t 年度房地产经纪企业的净现金流量;I 为基准收益率。按此方法计算,如果 $NPV>0$,则此方案可取。

计算内部收益率 IRR 也以 I 作为评价取舍的标准,即由下式可解出内部收益率 IRR 的值:

$$\sum_{t=0}^{n} \frac{NCF_t}{(1+IRR)^t} = 0 \qquad \text{(公式 11)}$$

若 $IRR>I$,则投资方案可取;否则风险偏大,不可取。

假设某房地产经纪企业的净现金流量,如表 4-1 所示:

表 4-1 现金流量表　　　　　　　　　　　单位:万元

年末	0	1	2	3	4	5
净现金流量	-200	40	60	40	80	80

同时假设基准折现率为 12%,通过(公式 10)与(公式 11)计算出 $IRR=13.5\%$ 大于基准折现率 12%,故该房地产经纪企业的经营方式在经济上是可行的。

在对房地产经纪业务风险分析的过程中,发现在房地产经纪交易中存在各种各样的风险,主要来源于交易中的行为主体即委托人及其客户、房地产经纪人员、房地产经纪机构以及物业。各个风险所占的权重如表 4-2 所示。

表 4-2 房地产经纪业务风险类型权重表

一级指标	权重(%)	二级指标	权重(%)	三级指标	权重(%)
委托人及其客户风险	21	总体风险	6	政策风险	2.6
				市场风险	3.4
		单方风险	7	信息风险	3.1
				资金保管风险	3.9
		双方风险	8	跳单风险	8.0
房地产经纪人员风险	32	职业道德风险	14	促成私下交易	3.5
				赚取差价	4.1
				泄露资料	2.8
				携款私逃	3.6
		专业能力风险	11	房地产经纪专业知识	3.2
				相关专业基础知识	4.7
				文化修养	3.1
		对外合作风险	7	银行按揭风险	3.3
				同行合作风险	3.7
房地产经纪机构风险	24	总体风险	8	市场风险	4.7
				政策风险	3.3
		个别风险	10	经营风险	2.2
				财务风险	3.6
				决策风险	4.2
		意外风险	6	自然灾害	2.7
				意外过失	3.3
物业状况风险	23	产权风险	10	产权瑕疵	4.9
				产权转移	5.1
		房屋结构风险	13	可见风险	7.5
				不可见风险	5.5

第五章 房地产经纪业务风险与纠纷案例分析

案例1 违规收取差价：中介冒充"买房人"，吃差价

【基本案情】

房产中介"吃差价"的方法有很多，本案一招就是伪装成买房人，让你防不胜防。周先生卖房时就遭遇了这样一件令他非常懊悔的事情。周先生有一套位于某市区80平方米左右的房子想转手，没有多想，他就找到一家房产中介，请他们帮助自己寻找买家。在房产中介的积极张罗下，很快就有人看中了周先生的房子，要以48.5万元的价格购买这套房子。当周先生与买房人签订购房合同时，买房人又要求周先生签订一份公证的授权委托书。

"很奇怪，既然房子都卖给他了，为什么还要委托他卖房？"周先生看着这份委托书，很是不解。但是，既然买房人坚持，他也没多说什么，于是在委托书上乖乖签上了自己的名字。一段时间后，买房人和周先生一起去房产部门过户。这时，周先生才发现，房屋并不是过户给这个与自己签订买卖合同的买房人，而是另有其人。更令周先生奇怪的是，此时房子的成交价已经不再是48.5万元，而是变成了53万元。也就是说，只几天的工夫，买房人就在这套房子上净赚了4.5万元钱的差价。

"怎么房子还没过户，他就又卖房了？而且卖的价钱比我高？"周先生百思不得其解。还是周先生的朋友听他说起，才为他解开了疑惑。原来，所谓的买房人只是房产中介安排的"托"。房产中介伪装买房人把房子买到手之后，就再次销售出去，赚取差价。那份奇怪的委托书，就是最

好的证据。这时,周先生才明白,原来自己掉进了房产中介安排好的"吃差价"陷阱里。气愤之下,周先生诉至法院,要求房产中介退还赚取的房产差价4.5万元。

【法院裁决】

法院审理后认为,房产中介机构是为委托人提供房地产信息和居间代理业务的经营活动,在代理房屋买卖过程中,应协助买卖双方签订房屋买卖合同,按规定标准收取费用,不得非法赚取差价。其赚取差价的行为,违反了国家关于房地产经纪行业行为的相关规定。

最终,法院判决房产中介负责清退这笔被私吞的钱款给卖方周先生。

【案情分析】

本案中,房产中介公司的违法之处在于故意隐瞒与订立合同有关的重要事实或者提供虚假情况,并损害了委托人的利益。

中介公司对自己在该房产交易中的"身份"定位错误。

在本案中,房产中介公司应当是属于居间人的位置,是为房屋买卖双方提供成交的机会,撮合双方成交。但事实上,本案的中介公司是利用交易信息的不对称,隐瞒了行情。看到周先生报价较低,中介公司便利用其信息优势,以"委托公证"的形式,将自己的身份改变为"代理人",而且是"特别授权"。这样,中介公司就可以"代理人"的身份,直接与购房人签约。而给周先生的房价,仍然是原来的48.5万元。而根据《合同法》,即使中介公司是作为周先生代理人的身份与第三人签订房屋买卖合同的,受托人应当按照委托人的要求,报告委托事务的处理情况。委托合同终止时,受托人应当报告委托事务的结果,也不能将多卖的价格(差价)占为己有。

【点评】

"吃差价",国际上通常称为行纪。"吃差价"只有在风险代理中,经委托人与代理人明确约定的情况下,才是合法的。在风险代理中,委托人与代理人明确约定了委托人的保底价格,成交如果超过保底价格的部分,可以由委托人与代理人按约定分享。

而现实中的"吃差价"是中介利用买卖双方信息的不对称,违法利用"委托公证"的授权形式,侵害委托人的利益。

该中介公司不但要退还赚取的"差价"给周先生,还受到该市房产行政主管部门的行政处罚,并将该中介机构的非诚信行为录入"诚信记录"予以通报。

该中介公司的风险就属于不诚实经营所产生的风险。

相关知识链接

1. 房产中介吃"差价"的几种形式

第一种是:在房东那里把房子以低价格委托或者是独家委托下来,问房东愿意多少钱成交签字确定下来。然后商量出售价格超过多少就另外给业务员提成多少。

第二种是:个人或者公司筹资以便宜的价格买进过户以后再以高价格卖出,不过这种情况随着不满五年的房产要交营业税的政策出台,少之又少。所以有的人就便宜以定金形式买过来(跟房东商量延迟过户时间),就在等待过户的时间里,又卖给别人,让第三家跟房东过户。这样的话可以少交了很大一笔税费。

第三种是:首先中介发现有登记的卖家房源,卖价低于市场价,中介就跟卖家联系,说有人要买他的房子,但其实那人就是中介机构内部人员或者老板(有的就是单独揽下来,自己买了,然后倒手),然后中介机构找到一些需求这样房源的买家信息并联系买家,说有人要卖的房子正是他所要的,此时如果买家看过房子并觉得价格合理(这里的价格是中介通过加价把房源的价格人为地调整到市场价后的价格),并要求办理过户,此时中介就会找借口让买家等几天,其实是借此机会去找卖家办理过户,一般中介会要求买家交定金,等到过户办妥,一买一卖,差价就赚到了。

房产中介之所以能够吃差价,其最主要的是利用委托人对房产交易信息的不对称,隐瞒真实的交易信息,将卖方与买方隔离。

2. 禁止吃差价的相关法律规定

由住房和城乡建设部联合国家发展和改革委员会、人力资源和社会保障部发布,并于2011年4月1日实施的《房地产经纪管理办法》第二十五条规定:房地产经纪机构和房地产经纪人员不得对交易当事人隐瞒真实的房屋交易信息,低价收进高价卖(租)出房屋赚取差价;如违反该项规定,构成价格违法行为的,由县级以上人民政府价格主管部门按照价格法律、法规和规章的规定,责令改正、没收违法所得、依法处以罚款;情节严重的,依法给予停业整顿等行政处罚。

案例2 定金纠纷:商品房认购定金纠纷,开发商留陷阱最终失败

【基本案情】

又一轮房产促销活动开始了。而目前很多开发商在销售楼盘时,往往要求购房者签一份购房意向书,同时交纳10 000元到50 000元不等的定金,而一旦双方后来就商品房买卖合同条款协商不成,开发商就以购房人不履约为由,扣除购房人定金不予归还。那么开发商的这种行为是否合法呢?

2008年4月10日,某市的杨某与某开发商签订了《商品房定购单》一份,定购该公司在某处开发的花园洋房一套。该定购单约定:买方于2008年5月8日前携带定金单签订正式购房合同,逾期者视为违约,销售方除有权将此房屋转卖他人外,买方已交定金归销售方所有。上述定购单签订后,杨某依约支付了定金人民币10 000元。此后,双方在订立正式《商品房预售合同》时对该合同主要条款不能协商一致,致使未能订立正式《商品房预售合同》。杨某要求开发商退还定金时,被开发商以定金罚则为由拒绝。杨某遂诉至法院。

【法院裁决】

某区法院审理后认为,杨某在和被告某公司订立《商品房定购单》时,没有关于主体合同条款的约定,此种情况下如就主体合同条款双方协商不成的,则不能认为是任何一方违反预约约定,并且杨某就此相关条款问题拒绝了订立主体合同并及时通知了该被告,其行为具有正当理由,因此本案不适用定金罚则。被告应当全额返还原告杨某定金人民币10 000元。

【案情分析】

买方交付认购定金后,和开发商不能就后来正式的买卖合同条款协商一致,是否可以一概认为是一方当事人拒绝订立主体合同,而适用定金罚则?定金作为一种担保方式,在商业活动和进程发展中对于保障交易安全无疑起到较大的作用。目前,社会成员对定金的理解上,尤其在购买商品房、存量房,以及房产中介代理等领域,都存在各种不同的分歧,需要作具体分析。相对商品房预售合同来说,订购协议是本约订立之前先行订立的预约合同。订立预约合同的目的,是在本约订立前先行约明部分条款,将双方一致的意思表示以合同条款的形式固定下来,并约定后续谈判其他条款,直至本约订立。预约合同的意义,是为在公平、诚信原则下继续进行磋商,最终订立正式的、条款完备的本约创造条件。若该主合同的条款在预约(认购书)中已经有了约定,拒绝订立主合同,是对预约的违反,可以适用定金罚则。若当事人协商的主合同条款在预约中无约定,则当事人协商不成的,拒绝订立主合同的,不能适用定金罚则。如果也将此情形认为是一方当事人拒绝订立主合同,适用定金罚则,那么结果必然是要求购房人在订立了认购书之后,必须无条件地接受开发商后来提出的任何一项买卖合同条款,这就违背了《合同法》的诚实信用原则和公平原则。

【点评】

从《中华人民共和国担保法》八十九条规定来看,似乎对定金的约定只有违约定金一种。但《最高人民法院关于适用〈中华人民共和国担保法〉若干问题的解释》增加了定金种类,有立约定金、成约定金、解约定金和违约定金。因此,认购合同或者是订购合同要对定金的性质进行明确。另外,定金合同是实践合同,需实际交付定金才生效,否则,定金起不到担保作用的。另外,定金与预付款、违约金、损害赔偿金也是有区别的。定金与预付款的区别是:①从效力上说,定金适用定金罚则,预付款无此效力。②从功能上说,定金是作为债权的担保,而预付款则属于债务履行的范畴,其主要功能是提前履行部分债务。③从性质上说,定金的交付产生一个定金合同,定金合同与主合同是两个合同,而预付款的交付属于履行主债务的一部分,不构成一个独立的合同。

相关知识链接

1. 立约定金

《最高人民法院关于适用〈中华人民共和国担保法〉若干问题的解释》第一百一十五条规定：当事人约定以交付定金作为订立主合同担保的，给付定金的一方拒绝订立主合同的，无权要求返还定金；收受定金的一方拒绝订立合同的，应当双倍返还定金。

立约定金中，定金合同先于主合同而成立。值得注意的是，立约定金成立的特别要件是：当事人对主合同的主要内容已有预设，即对合同的主要条款已经达成潜在的合意，只需将来予以确认，如达成意向书、对需书面订立的合同已经达成口头合意等。

2. 成约定金

《最高人民法院关于适用〈中华人民共和国担保法〉若干问题的解释》第一百一十六条规定：当事人约定以交付定金作为主合同成立或者生效要件的，给付定金的一方未支付定金，但主合同已经履行或者已经履行主要部分的，不影响主合同的成立或者生效。

成约定金，是指作为主合同成立要件的定金，因定金的交付，主合同才成立或生效，在这里，定金是作为主合同的特别成立要件存在的，定金合同得脱离于主合同而成立。

3. 解约定金

《最高人民法院关于适用〈中华人民共和国担保法〉若干问题的解释》第一百一十七条规定：定金交付后，交付定金的一方可以按照合同的约定以丧失定金为代价而解除主合同，收受定金的一方可以双倍返还定金为代价而解除主合同。

值得注意的是，合同解除后，虽然适用了定金处罚，主张解除合同的当事人承担了定金损失，但不排除有损失的一方要求对方损害赔偿。

4. 违约定金

《中华人民共和国担保法》八十九条规定的定金性质上就属于违约定金。这种定金的作用类似于违约金，但与违约金不同的是，它对违约方具有一定的惩罚性。

案例3 户口问题:落户纠纷——买了学区房却进不了名校

【基本案情】

二手房买卖,偶尔会碰到售房人仍将户口挂在原房屋内的情况。在某市机关工作的李女士,2009年7月为了儿子的入学,购买了一套学区的二手房。李女士计算过,因为她是本地人,只要在9月前将户口迁入,就不会影响小孩上学。2009年7月上旬,李女士与孙先生签订了二手房买卖合同,约定孙先生将自己名下的一套学区二手房以95万元的价格出售给李女士。合同还约定:户口迁出每逾期1日,应支付总房价的千分之一违约金。为了保险起见,李女士还在合同中特意留了心眼,注明"甲方需在2009年8月20日前将户口迁出,否则需支付违约金20 000元"。这样一来,李女士觉得可以高枕无忧了。于是没等对方将户口迁出,她就付清了所有款项。

房屋买卖合同签订之后,李女士于2009年8月5日取得该房屋的产权,双方办妥了房屋交接手续。同年8月6日,李女士一家入住该房屋。然而,当所有手续办完后,卖房人孙先生却迟迟没将户口迁出,导致李女士及家人无法如期办理户口迁移。

2009年9月中旬,李女士在和孙先生交涉未果的情况下,诉至法院称,孙先生违反签署的二手房买卖合同,至今未将留在系争房屋内的户籍迁出,应承担违约责任,支付违约金20 000元。

法庭上,孙先生对买卖房屋事实没有异议。但认为户口没有能够迁出不是他主观上不想迁出,而是自己暂时没有落户的地方,而导致无法迁出的,另外,虽然户籍没有迁出,但这对李女士没有产生经济损失。

【法院裁决】

法院认为,房屋买卖违约,不仅是指房屋的交付违约,还包含出售房屋内的户籍迁出清空违约。合同约定孙先生有义务在2009年8月20日前,将所售房屋内的户籍迁出,但直至本案法庭辩论终结,该房屋内户籍未迁出,应承担违约责任。最后在法院调解下,卖房人赔偿了李女士

20 000元的违约金,但李女士让孩子上名校的愿望却因此而泡了汤。

【案例分析】

目前没有法律规定卖房者必须迁出户口。如果原房主不迁户口,买房人可以到房屋所在地的公安部门进行反映,但公安部门也只能说服动员原房主迁户,若其实在不迁,公安部门也没有办法。

通过诉讼途径也将面临执行难的问题。如果买卖双方只是口头约定户口迁移问题,那么原房主不迁户口,是没有任何办法的。因为户口迁移问题不属于法院管辖范围,仅以户口为由起诉,法院一般不受理。

二手房交易时一定要求中介机构提供出房屋详尽的信息,签约之前确认房屋是不是空户。如果不是空户,首先要对原有户口的迁出期限、地点做出详细约定,使之具有可操作性。其次,应当就户口迁入问题约定明确的违约责任,双方在合同中约定了户口迁出时间、违约情形等,以确保纠纷发生后能够获得相应经济补偿,甚至可以将户口不迁出作为解除合同的条件。最好的办法是,不要一次性付清房款,留一部分尾款,待卖房人迁出户口后,再付尾款。到时候原房主不迁户口,可以对方违约为由到法院起诉。但法院也只能判决原房主赔偿损失,支付违约金,不能强行将其户口迁出。所以买房人如果需要买房入户或迁入户口的话,要特别注意卖房人的户口能否迁出,卖房人户籍有无落户的地方等。

【点评】

房产中介公司在代理销售商品房时,不能以上学和办理入户口等作为交易的条件。国家工商行政管理局颁布的《房地产广告发布暂行规定》(国家工商行政管理局令第71号)第十八条规定,房地产广告中不得含有广告主能够为入住者办理户口、就业、升学等事项的承诺。因为,这些并不是中介公司或者是开发商能够解决的。而且,学区的划定是教育主管部门的事情,再者,学区的划定不是一成不变的,每年都可能有调整。

相关知识链接

学区房,这是一个特别的名词。按照我国九年制义务教育的规定,学龄儿童和青少年有权利享受国家提供的九年义务教育,并实施"就近入学"的管理办法,在教育资源供求空间关系相对约定的前提下完成学业。

从某种意义上讲,学区房是房地产市场的衍生品,顾名思义,学区房都是分布在名校周边的房产,根据"就近入学"相关规定,在义务教育阶段,凡片区内的适龄儿童皆可免试就读。

同样也是现行教育体制下的一个独特的现象,随着社会竞争的日益激烈,家长为使孩子不输在教育的起跑线上,不惜花费重金购置一处属于教育质量好的小学学区的房产。另外,一些重点中学附近的房产也会受到学生家长的青睐,在学校附近购买房产居住,将有利于家长管理孩子的生活和学习,孩子也可以提高学习效率。现在,学区房早已成为房地产商们的一个促销手段。

案例4 借用名义贷款购房:借他人名义贷款购房欲过户先交风险补偿费

【基本案情】

2005年,某市的于先生打算在该市某区买一套房子,在其申请银行贷款时却因资信过低无法获得贷款。于是他想了一个办法:以他人名义买房,待自己还清贷款后再将房产办至自己名下。于先生找到自己的朋友周某,请朋友周某帮忙。于是于先生以朋友周某的名义与开发商签订购房合同,办理了房产证。四年后房贷还清了,当于先生还清贷款找周某商量过户事宜时,遭到了拒绝。于先生遂将朋友周某诉至法院。

于先生诉称,当时与周某约定:以周某的名义来买房,办理贷款,实际上房屋是于先生的,首付和以后还贷款都是于先生来负责,待贷款还清之后房子再由周某过户给于先生。还清贷款后的于先生满心欢喜地去商量办理过户手续时,周某的回答是,过户可以,但必须支付其10万块钱。于先生认为自己一直在按时还贷,并没有给周某带来什么资信损失,故要求周某协助自己办理过户手续。

周某辩称,双方当初协议就说好了酬金,只不过当初约定是6万元,现在房价翻了好几倍,要求10万元不为过,况且这么多年来自己是为原告承担着风险的,自己以后要是买房的话就成为购买第二套住房了,一切关于买一套房的优惠都享受不了,这些就是损失。

在这种情况下,周某一方没有要求于先生支付十万元的证据,在法律上很难站得住脚,但是按照购房的相关政策,周某以后买房确实会受到一些影响,且在于先生还贷期间,周某确有潜在的风险。

【法院调解】

经过法院调解,最终双方达成了一个协议:周某配合于先生办理房屋的过户手续,将房产过户到于先生名下。同时于先生给付周某代理费4万元整。

【案情分析】

1. 借用他人名义购房的风险何在?

房屋买卖的实质是房屋所有权的转移。而根据《中华人民共和国物权法》第九条规定:不动产物权的设立、变更、转让和消灭,经依法登记,发生效力;未经登记,不发生效力,但法律另有规定的除外。依法属于国家所有的自然资源,所有权可以不登记。也就是说,房屋这类不动产产权的转移、变更必须是办理产权登记的。

《中华人民共和国物权法》第十六条规定:不动产登记簿是物权归属和内容的根据。也就是说,产权归属是以不动产登记簿为准的。

于先生虽然一直在居住、使用该房屋,并一直在还贷。但从法律效力而言,该房屋产权是属于周先生的。

本案双方当事人都存在一定的风险。

作为实际的购房人于先生而言,其风险是虽然实际支付了首付款及每月的月供,但房屋的产权却不是自己的。如果名义上的产权人周先生不配合的话,于先生还是得不到产权。

对于周先生而言,由于该房屋的贷款是以周先生的名义借款的。如果一旦于先生没有还贷能力,那么,银行肯定是找周先生还贷。周先生要承担的是信用损失及还贷的无限责任。另外,周先生在调解时提出的遇到政策方面的风险,就是指"限购"政策。"限购"政策涉及贷款利率,甚至可能涉及房产税等利益损失。

借用他人名义购房,还可能涉及购房合同无效的情形。例如,在北京工作的李某,看中北京某套经济适用房。由于李某不具有北京户籍,没有购买经济适用房的资格,于是,李某借用拥有北京户籍的陈某购置了该经济适用房。但等到经济适用房产权证办下来后,陈某就反悔,将房屋占为己有。这种情形,如果诉讼至法院,法院很可能会确认购房合同无效。双方都不可能得到房屋产权。

2. 如何规避风险?

要规避该类风险,自然尽量不要采用别人的名义购房。一方面,正如上述产权过户风险的存在,另一方面是产权过户的成本也极高,在未满5年内过户,过户的税费也很高。

如果是已经借用了别人的名义购房,就应当采取补救措施。譬如,签订补充合同,约定过户的时间及相关费用的承担。另外,尽可能保留好购房的付款凭证及房屋交割手续等证据,证明该房屋的实际占用、使用等情形。最终可以通过法院进行确权诉讼。

【点评】

在实际交易中,由于当事人或者是因为限购政策或者是因为如本案中的贷款资信问题等不能以本人名义购房,而"借用"他人名义购房或者是"借用"他人名义贷款的行为都是不可取的。从法律性质而言,个人的名义或者信用都是不可转让的权利。因此,如果对方在事后不予配合,就很难在法律上追究其责任。而对于购房这类民事行为而言,购房人最终得到的权利是房屋的物权。物权的法律效力一般而言要大于债权。也就是说,在实际"借用"他人名义之后,如果对方不予配合,实际购房人将难以得到物权。因此,一方面要尽量不去采用这种"借用"他人之名的风险行为,另一方面,即使"借用"他人名义的,最好是借用近亲属的名义以降低风险。

相关知识链接

物权与债权的区别

物权在本质上是一种支配权。所谓支配权就是指权利人直接支配特定物的权利,对物的控制、管理的权利。

与物权对应的是债权。债权是一种请求权,是指权利人请求他人为一定行为或不为一定行为的权利。

支配权是权利人以自己的意志对物行使权利,不需要以他人的意志为中介,也不需要他人从事积极的协助行为。所以,支配权人的义务人负担的是消极的不作为义务。

请求权则必须对人的意志作为中介,其实现需要他人的积极协助行为。如果相对人未按照请求权人的意志积极实现某行为,请求权人的利益就无法实现。

案例5 面积误差纠纷:按套计算房价 面积误差怎么办

【基本案情】

袁女士于2010年底在某小区以245万元的价款于开发商处购得一套别墅。当时,袁女士在进行实地勘察后,非常满意。之后,双方签订了商品房买卖合同,合同第三条约定:"该商品房建筑面积共185平方米",第四条约定:"按套(单元)计算,该商品房总价款为(2 450 000元人民币)贰佰肆拾伍万元整。"可产权证下来后,袁女士发现,该商品房的套内建筑面积只有178平方米,比合同约定的少了7平方米。据此,袁女士要求开发商承担违约责任,退还多收的7平方米的房款。开发商则认为该商品房是按套销售的,不论面积多少,而且在签订商品房买卖合同之前,袁女士已经实地勘察了该商品房,因此不同意退给袁女士7平方米的房款。

【法院裁决】

法院经审理,判决开发商退回袁女士7平方米房款。

【案情分析】

商品房的计价方式,根据建设部颁布的《商品房销售管理办法》第十八条第一、三款规定:商品房销售可以按套(单元)计价,也可以按套内建筑面积或者建筑面积计价。按套(单元)计价或者按套内建筑面积计价的,商品房买卖合同中应当注明建筑面积和分摊的共有建筑面积。该办法第十九条规定:按套(单元)计价的现售房屋,当事人对现售房屋实地勘察后,可以在合同中直接约定总价款。

建设部、国家工商总局推荐的《商品房买卖合同》(2000年版)示范文本的计价方式中,也规定了"按套(单元)计算"的方式,约定该商品房总价款为多少元,每平方米是多少元,总金额是多少元。因此,按套计价并不等于可以不约定面积,更不等于可以面积缩水。

根据建设部颁布的《商品房销售管理办法》规定,按套(单元)计价的预售房屋,房地产开发企业应当在合同中附所售房屋的平面图。平面图应当标明详细尺寸,并约定误差范围。房屋交付时,套型与设计图纸一致,相关尺寸也在约定的误差范围内,维持总价款不变;套型与设计图纸不一致或者相关尺寸超出约定的误差范围,合同中未约定处理方式的,买受人可以退房或者与房地产开发企业重新约定总价款。买受人退房的,由房地产开发企业承担违约责任。

本案中,合同约定的建筑面积是185平方米,而产权登记面积只有178平方米。面积误差比的绝对值达到3.78%。本案中,袁女士与开发商的《商品房买卖合同》没有约定误差的范围及其处理的方式。

本案虽不能根据最高人民法院《关于审理商品房买卖合同纠纷案件适用法律若干问题的解释》第十四条,面积误差比绝对值超出3%部分的房价款由出卖人双倍返还买受人的原则处理,但是在面积上,开发商确实构成违约。

开发商辩称:袁女士在看房后提出以245万元购买该商品房,双方没有约定每平方米单价,认为房屋价款与房屋的面积无必然联系,在合同中约定房屋面积只是为了体现购房者对所购商品享有的知情权,房屋面积缩水侵犯的至多是购房者的知情权,与房价与关。

但是,既然本案中的房屋是现房,也就是说,该房屋在销售时,实际的建筑面积已经是可以明确的。但开发商将实际只有178平方米的别墅,标明为185平方米,面积误差比的绝对值达到3.78%,开发商应当是明知该房屋的面积没有185平方米的,但为了让购房人感觉到从单价上测算下来价格还是比较低的,就隐瞒了该商品房的真实面积。根据《中华人民共和国合同法》第四十二条规定,当事人在订立合同过程中故意隐瞒与订立合同有关的重要事实或者提供虚假情况,给对方造成损失的,应当承担损害赔偿责任。因此,开发商应该承担违约责任,退还7平方米的购房款。

【点评】

商品房的计价方式虽然可以是按套或者是单元计价的,但在购房合同中应当尽量将各项条款约定得明确具体一点。按套购买商品房的购房者应在合同中补充约定产权证上的面积与合同上标注的面积不符的处理办法。这里所说的面积包括建筑面积、套内面积、分摊面积,即可以就不同的面积约定不同的处理办法。如可以约定分摊面积增减房价不变;套内面积增减,在一定比例以内的,据实结算,单价按总房价除以合同约定的建筑面积计算,面积增减在比例以外的,购房者可以退房,不退房的又如何处理等。当然也可以只就建筑面积的增减约定处理办法。

如果没有详细约定,可以加一个兜底条款,"未尽事项按照《商品房销售管理办法》及相关法律的规定处理"等约定。

相关知识链接

1.《房产测绘管理办法》、《房地产测量规范》相关界定

根据我国住建部、国家测绘局《房产测绘管理办法》等有关法律法规、国家标准《房产测量规范》(GB/T 17986.1—2000)及国家有关技术标准,房屋面积的测算系指房屋水平投影面积的测算,即房屋建筑面积的测算,包括房屋套内建筑面积、共有建筑面积等的测算。

建筑面积是指建筑物各屋外墙(或外柱)外围以内水平投影面积之和。

使用面积是指套内房屋使用空间的面积,以水平投影面积测算。

房屋的建筑面积包括套内(单元)建筑面积和按规定应分摊的公用建筑面积两部分。

所谓公摊面积,是分摊的公用建筑面积的简称,它与套内建筑面积之和构成了一套商品房的建筑面积。

依据《房产测量规范》可分摊的公用建筑面积(即公摊面积)为:

(1)大堂、公共门厅、走廊、过道、电(楼)梯前厅、楼梯间、电梯井、电梯机房、垃圾道、管道井、水泵房、消防通道、交(配)电室、值班警卫室等,以及为整幢服务的公共用房和物业管理用房,其他功能上为该建筑服务的专用设备用房。

(2)每套与公用建筑空间之间的分隔墙及外墙(包括山墙),为墙体面积水平投影面积的一半。

不应计入的公用建筑空间为：

（1）仓库、机动车库、非机动车库、车道等，作为人防工程的地下室、单独具备使用功能的独立使用空间。

（2）售房单位自营、自用的房屋。

（3）为多幢房屋服务的警卫室、管理（其中包括物业管理）用房。

更多详细内容见《房产测量规范》（GB/T 17986—2000）技术标准。

2.《商品房买卖合同》、《商品房销售管理办法》相关条款

计价方式与价款

出卖人与买受人约定按下述第_____种方式计算该商品房价款：

1. 按建筑面积计算，该商品房单价为（____币）每平方米_____元，总金额（____币）_____元整。

2. 按套内建筑面积计算，该商品房单价为（____币）每平方米_____元，总金额（____币）_____元整。

3. 按套（单元）计算，该商品房总价款为（____币）_____元整。

4. _____。

关于面积确认及面积差异处理

根据当事人选择的计价方式，本条规定以【建筑面积】【套内建筑面积】（本条款中均简称面积）为依据进行面积确认及面积差异处理。

当事人选择按套计价的，不适用本条约定。

合同约定面积与产权登记面积有差异的，以产权登记面积为准。

商品房交付后，产权登记面积与合同约定面积发生差异，双方同意按第____种方式进行处理：

（1）双方自行约定。

（2）双方同意按以下原则处理：

① 面积误差比绝对值在3%以内（含3%）的，据实结算房价款；

② 面积误差比绝对值超出3%时，买受人有权退房。

买受人退房的，出卖人在买受人提出退房之日起30天内将买受人已付款退还给买受人，并按____利率付给利息。

买受人不退房的，产权登记面积大于合同约定面积时，面积误差比在3%以内（含3%）部分的房价款由买受人补足；超出3%部分的房价款由出卖人承担，产权归买受人。产权登记面积小于合同约定面积时，面积误差比绝对值在3%以内(含3%)部分的房价款由出卖人返还买受人;绝对值超出3%部分的房价款由出卖人双倍返还买受人。

$$面积误差比 = \frac{产权登记面积 - 合同约定面积}{合同约定面积} \times 100\%$$

因设计变更造成面积差异,双方不解除合同的,应当签署补充协议。

(更多详细条款内容见《房地产经纪实务》附录4-2:商品房买卖合同示范文本)

案例6　购房者"跳单":购房者"跳单"成被告,中介维权被驳回

【基本案情】

1. 一套房,两家中介领着看

张女士一家决定购置一套房产,但由于没有更多的房源信息,就四处打听找中介。后来,她在市北区一家房屋中介机构看中了一套位于中山路附近的房产。相中这套房后,这家中介委托代理人与张女士签订了《购房代理协议》,协议约定中介为看房者提供这套房子的房源信息及提供相应的中介服务,并约定了中介费按房屋成交价的2%收取。同时,该协议第四条还特别约定,张女士经中介带领看房后,"无论以何种方式购买该处房屋,包括亲友购该房屋,均应向中介支付中介费,否则中介机构保留提起诉讼的权利。由此给中介造成的损失,包括交通费、电话费、误工费等均由看房者承担。"

签完协议后,中介的工作人员领着张女士去看房子。然而,她实地看完房才发现,这套房的房源信息竟然两个中介都有。原来就在7天前,张女士与市南区一家房地产信息中心签订《委托中介购房服务协议》,当时这家中介给她提供的也是这套房屋的房源信息,并已经领她看过一遍房。

2. 购房者"跳单",中介不干

后来,市北区这家房屋中介机构得知,当初看房的张女士"绕"过自家这个"媒人",与房主签订了《买卖协议》并成交,已经将房屋过户,认为

张女士的行为属于违约。一纸诉状将看房者告上了法庭,要求赔偿中介费、律师费等。其中,"房屋中介费按照房屋成交价58万元计算,2%收取为11 600元。"

【法院裁决】

法院经审理查明,看房的张女士没有通过市北区这家中介机构提供的房源信息购买房屋,而是通过之前在另一家中介机构,也就是市南区一家房地产信息中心提供的房源信息,经该中介机构购买了这套房,并为此支付给该中介7 000元房屋中介费。

法院判决驳回原告中介机构的诉讼请求。

【案件分析】

1. 房源非"独家",买方有选择

本案属于房产居间合同纠纷案。购房者与中介公司签订的合同在法律上属于居间合同。在房产居间合同中,购房者是委托人,中介公司作为居间人是通过为客户提供订约信息及订约机会,或撮合成交获得报酬的。法院认为,在这起案件中,该房源信息并非由原告(也就是市北区这家房屋中介机构)独家掌握,也不是由这家机构独家代理销售。当卖方将同一房屋通过多个中介公司挂牌出售时,买方通过其他公众可以获知的正当途径获得相同房源信息,而房屋中介机构是提供房屋信息和房产交易的服务机构,购房者有权自由选择提供服务的中介机构。

2. 格式条款,限制对方权利,加重对方责任的,该条款无效

同时,这家中介委托代理人与张女士签订的《购房代理协议》,该协议第四条的特别约定,"无论以何种方式购买该处房屋,包括亲友购该房屋,均应向中介支付中介费,否则中介机构保留提起诉讼的权利。由此给中介造成的损失,包括交通费、电话费、误工费等均由看房者承担。"该条款属于格式条款。

该条款应理解为是对看房者看房后恶意甩中介、自己私下与房主交易行为的一种预防和责任的追究,但该约定并不能禁止购房者选择其他发布该房产信息的中介机构进行交易。根据《中华人民共和国合同法》第四十条的规定,提供格式条款一方免除其责任、加重对方责任、排除对方主要权利的,该条款无效。该协议中第四条的特别约定,明显限制了购房人的选择权,加重了购房人的责任。法院应当确认该条款无效。

张女士作为购房者,有权选择报价低、服务好的中介公司促成房屋买卖合同成立,况且她并不存在恶意甩掉中介而与房主私下交易的行为。

【点评】

在房产居间服务中,需求信息是居间服务中的核心价值。但信息具有扩散性和时效性的特点。如果是独家代理、独家信息,就应当采取一定的保密措施和防范措施。但是,如果需求信息是公开渠道获得的,如是通过网络公告等获得的,则客户对提供交易的服务具有选择权。由于信息具有扩散性和时效性的特点,因此,就更加要求中介公司提供服务要及时跟进,并是质优价廉的服务。

有位家住辽阳西路的市民王女士说,去年她打算改善住房条件,买一处比较大的房子,于是四处查找房源信息,通过三家中介看了近十套房子,期间也遇上了同套房看两回的"撞车"现象。看房前,中介提供的房源信息一般只有路名、房型、面积、建筑年代、房屋朝向等,直到看了房子才知道具体的门牌号。

在信息传播极快的时代,中介公司对自身权利的保护,不能是依靠这类格式条款,而应当是贴切的服务。

相关知识链接

1. 通过网签程序的约定和限制,预防"跳单"

通过在网签程序中设置签订居间委托协议—挂牌—签订合同的顺序来规避"跳单"的行为。也就是说,只要经纪机构能在接受业务委托后及时按照流程操作到位,被"跳单"在一定程度上即可得到遏制。当然,在实际操作中,这种遏制"跳单"的效果还要受到客户接受、配合银行以及经纪公司操作规范等因素的限制。

2. 其他相关手段的预防

为防客户临场"跳单",有些中介公司还用上了高科技手段。

据了解,北京部分房产中介公司目前都配备有一种手机信号屏蔽器,他们通常会在购房人和业主签约的时候启用这种设备,防止别的中介公司在最后关头给业主打电话,以提价来诱惑业主"跳单"。因为业主通常会在多家中介公司挂牌出售二手房,在房源紧缺的时候,就出现了一个业主多家抢的现象。

3.《苏州市房地产经纪管理办法》

《苏州市房地产经纪管理办法》于2010年1月发布并执行。其中,第三章"房地产经纪行为管理"中的条款,约定了相关内容。

第十六条:房地产经纪机构应当依法在备案的范围内从事房地产经纪活动。

第十七条:房地产经纪执业人员承办业务,应当经其所在房地产经纪机构统一受理,不得以个人名义接受委托,收取费用。

房地产经纪执业人员不得同时在两个或者两个以上房地产经纪机构从业。

第十八条:房地产经纪机构承接业务,应当签订委托合同。

委托合同,应当使用市房产行政主管部门制定并经工商部门备案的合同示范文本。合同应当由执行该项业务的房地产经纪执业人员签名并加盖房地产经纪机构印章。

第十九条:存量房交易推行计算机信息网络管理和资金监管制度。

第二十条:经委托人同意,房地产经纪机构可以将房地产经纪业务转委托给已备案的其他房地产经纪机构代理,但不得增加服务收费。

4.《房地产经纪管理办法》

《房地产经纪管理办法》于2010年10月27日住房和城乡建设部第65次部常务会议审议通过,并经国家发展和改革委员会、人力资源和社会保障部同意发布,自2011年4月1日起施行。其中,第三章"房地产经纪活动"中相关条款做出了相应的约定。

第十六条:房地产经纪机构接受委托提供房地产信息、实地看房、代拟合同等房地产经纪服务的,应当与委托人签订书面房地产经纪服务合同。

房地产经纪服务合同应当包含下列内容:

(一)房地产经纪服务双方当事人的姓名(名称)、住所等情况和从事业务的房地产经纪人员情况;

(二)房地产经纪服务的项目、内容、要求以及完成的标准;

(三)服务费用及其支付方式;

(四)合同当事人的权利和义务;

（五）违约责任和纠纷解决方式。

建设（房地产）主管部门或者房地产经纪行业组织可以制定房地产经纪服务合同示范文本，供当事人选用。

案例7　凶宅纠纷：二手房买卖纠纷"凶宅"谁之过

【基本案情】

买了"凶宅"因心生忌讳而要求退房，是正当理由还是迷信？某日，某市王女士因购买了一套曾经发生过意外死亡事件的房屋，而与卖方发生纠纷的一起案件，经过调解，双方握手言和。

从外地来某市工作的王女士，经过多年的打拼，为了小孩能够户口迁入该市，有一个好的教育环境，用多年的积蓄购买了一套二手房。2010年8月份，王女士经过某房产中介介绍，看中了该房产中介介绍的李女士一套二手房，经过双方协商、谈判，双方在房产中介签订了一份二手房买卖协议，协议约定王女士以85万元的价格购买李女士位于某市工业园区的房产一套，约定于2010年9月5日办理"网签"合同，王女士给付定金5万元，如果买方在协议签订后拒绝办理"网签"的，定金不予退还；如果卖方在本协议签订后拒绝办理"网签"合同的，双倍返还购房定金。协议签订以后，王女士支付了李女士购房定金5万元，在签订"网签"合同之前，王女士从李女士邻居那里了解到，李女士的房屋系李女士与前夫孙先生购买，2008年李女士的前夫孙先生在该房屋中洗澡时因煤气中毒发生意外，不幸死亡。后来，李女士搬出该房另行购买了房屋，想将该套房屋出售，很多人知道该房屋发生过死亡事件之后，都不敢购买，所以这套房屋在王女士看房之前一直无人问津。王女士在知道事情缘由之后，认为李女士有意隐瞒有关情况属于欺诈，纠纷产生的责任在李女士，向李女士提出要求双倍退还定金。但李女士提出系王女士违约，定金不予退还，双方发生纠纷。

王女士在和李女士交涉未果的情况下，委托律师欲起诉李女士，通过法律途径进行维权，律师在接受委托后，认为李女士在出售房屋时，有意隐瞒了房屋曾经发生过死亡事件的事情，主观上存在过错，促成该房产交易的房产中介机构在接受李女士委托出售该房源时，应当了解该房源的有关情况,如果房产中介机构明知该房屋存在上述情况,却不告知购房者王女士,应属于欺诈,如果没有调查了解清楚情况,主观上属于过失,应当承担法律责任。

律师向李女士和房产中介机构发律师函进行交涉,要求李女士和房产中介机构承担法律责任,如果无协商解决诚意,将诉至法律,后在三方的多次协商之下,购房者王女士和出卖方李女士达成和解。

【案件处理结果】

经过协商,李女士自知理亏同意退房,王女士也表示同情孙某的遭遇,愿意只要求退还定金,双方最终达成协议,解除了房屋买卖协议,李女士返还5万元定金给王女士。

【案情分析】

本案争议的焦点是李女士是否构成违约?王女士是否有权撤销合同或者请求确认合同无效?

本案的基本事实是该房屋内确实发生过非正常死亡事件,而该事件是否影响到房屋的使用和房屋的价值是该房屋买卖合同能否解除或者撤销的根本理由。

一般而言,房屋的价值根据房屋的面积、区位及楼层、朝向等因素确定。房屋的价格不仅仅是由房屋的面积及房屋的质量等确定的,还涉及房屋的环境,因此才有一房一价的营销模式。而房屋的环境,不仅仅是房屋的区位、绿化等自然环境,还应当包括人文环境。而该房屋发生过非正常死亡事件,确实是影响到该房屋的人文环境,会导致房屋使用人心理恐惧或者忌讳。因此,该事件实际影响到房屋的价值。

因此,王女士有权以重大误解为由,主张撤销该合同,要回已经支付的定金5万元。

至于李女士是否构成违约,根据本案的基本情节,由于李女士并非故意隐瞒该房屋曾发生非正常死亡事件,该情形属于双方当事人对买卖标的物未能明确表述清晰,属于《中华人民共和国合同法》第六十一条的规定:合同生效后,当事人就质量、价款或者报酬、履行地点等内容没有约定或者约定不明确的,可以协议补充;不能达成补充协议的,按照合同有关条款或者交易习惯确定。

经过调解后,双方达成协议,李女士退还5万元定金,即属于通过补充协议解决的情形。

【点评】

房屋内发生死亡事故的事实,直接导致该房屋成为公众心目中的"凶宅",房屋价值大幅贬值。根据我国传统风俗及公序良俗,正常情况下,一般人都会对这样的房子产生一定的恐惧或忌讳心理,不仅大大影响到房屋价格,甚至从根本上影响买房人考虑购买该房的决策,李女士在卖房之初没有将该情况说明,致使王女士做出错误的意思表示。作为房产中介机构在接受卖方的委托出售房源时,也应当对房屋的情况调查了解清楚,否则就导致交易不成,引发纠纷的产生。

相关知识链接

所谓凶宅,《现代汉语词典》释为:"不吉利的或闹鬼的房舍(迷信)。"

凶宅的情况类似于阴宅,也就一般我们听说的"不干净"的房子,不论是曾经发生过凶杀命案还是有人自杀过的房子,通常住在这样的房子里会给人一种隐身恐怖的感觉,有的人住久了会感觉不安稳,有的人会感觉影响到自身的运气。很多不明原因的房客住进这样的房子,当知道是"凶宅"后心生忌讳,因此在买房或租屋的时候,房子给人的第一直觉很重要,若是此屋让自己觉得浑身不自在,但却一时找不出原因所在,建议你最好还是另寻目标。

案例8 居间合同纠纷:"诚意金"是否可以转化为"定金"

【基本案情】

2010年9月19日,原告(台湾居民)、被告(上海某房产经纪事务所经纪人)签订《意向书》一份,约定由原告委托上海某房产经纪所向被告陈某购买系争房屋,购买条件为530万元(房东净手价),签订买卖合同时支付总房款的50%,房地产交易管理部门收取双方转移申请文件之日起20天内支付总价款的49%,交付房屋、原告取得房地产权证时支付总房款的1‰。系争房屋530万元送维修基金、煤气使用权、有线电视安装费用。具体的付款方式以签订的正式买卖合同为准。

原告同意支付上海某房产经纪所"意向金"5万元。本意向书有效期间自签署之日起至2010年9月23日止。在本意向书有效期内,被告陈某同意依原告购买总价及上述条件出售时,则原"意向金"转为"定金",原告及被告陈某应于达成意向之日起3日内,依上海某房产经纪所安排签订房屋买卖合同。原告在被告陈某同意出售后,有反悔不买或不按约前来签订受让合同等行为,致使无法签订合同的,则上述定金(原意向金)由被告陈某全部没收。如被告不愿按约履行时,则被告陈某应退一赔一已收的定金。上述意向书先由原告与上海某房产经纪所签订,并由原告支付某经纪所意向金5万元。

同日,上述《意向书》经被告陈某签字确认,并由某房产经纪所支付被告陈某5万元,被告陈某出具某房产经纪所收据一份,言明收到原告购买系争房屋定金5万元。嗣后,原告与被告陈某对房款530万元是否包括系争房屋家具家电存在争议,也未能达成一致意见,双方未能在约定的期限内签订买卖合同。

【法院裁决】

法院对被告陈某要求没收定金的意见不予采信,被告陈某收取的定金5万元应当返还原告。

【案情分析】

原、被告签订的《意向书》系当事人真实意思表示,未违反法律、行政法规禁止性规定,依法确认有效,合同当事人均应恪守。本案争议一在于原告支付的意向金是否已经转化为定金?

根据《意向书》约定,在意向书有效期限内,即在2010年9月19日—2010年9月23日期间内,如被告陈某同意原告的购买总价及购买条件出售的,原告支付的意向金转化为定金,现被告陈某接受了原告的购买条件,原告支付的意向金已转化为定金。

本案另一争议在于原告与被告陈某未能签订买卖合同,双方究竟是哪一方违约?

依合同法规定,给付定金的一方不履行约定的债务的,无权要求返还定金；收受定金的一方不履行约定债务的，应当双倍返还定金。

本案中，根据《意向书》约定，双方应在达成意向之日起3日内签订买卖合同，即在2010年9月22日前签订买卖合同。嗣后，双方均有签订买卖合同的意向，由于《意向书》中并未明确约定530万元房款是否包括家具家电，导致双方对房款530万元是否包括系争房屋家具家电产生争议，由于原告与被告陈某、某房产经纪所并不是三方同时在场签订的《意向书》，而是先由原告与某经纪所签订，再由被告陈某与某经纪所签订，由此造成原告与被告陈某对房款530万元针对的房屋状态理解有差异。

从原告及被告陈某一致确认530万元包括车位该件事实看，上述内容亦未在《意向书》中予以确认，显然意向书中约定的530万元购买条件并未充分具体，而本案系争房屋的家具家电涉及的金额较大，在争议产生后双方也曾进行了协商，但未果。

由此可见，导致双方未能按约签订买卖合同，并不是原告与被告陈某哪一方要求反悔不购买或者不出售房屋，而是由于《意向书》对系争房屋购买条件未予以约定明确，导致双方对530万元的购买条件理解差异所致，更何况在签订买卖合同时，对于房屋买卖合同中具体的权利义务需要在充分协商一致的基础上签订。

因此，从本案事实看，双方未能签订买卖合同显然不能归责于哪一方违约造成。

【点评】

定金是合同的担保形式之一。根据《最高人民法院关于〈中华人民共和国担保法〉若干问题的解释》，定金有立约定金、成约定金、解约定金和违约定金。本案中的定金属于立约定金。根据《最高人民法院关于〈中华人民共和国担保法〉若干问题的解释》第一百一十五条规定：当事人约定以交付定金作为订立主合同担保的，给付定金的一方拒绝订立主合同的，无权要求返还定金；收受定金的一方拒绝订立合同的，应当双倍返还定金。

立约定金中，定金合同先于主合同而成立。值得注意的是，立约定金成立的特别要件是：当事人对主合同的主要内容已有预设，即对合同的主要条款已经达成潜在的合意，只需将来予以确认，如达成意向书、对需书面订立的合同已经达成口头合意等。

本案中,法院之所以支持原告的诉讼请求,可以收回5万元"诚意金",是因为双方对主合同的主要内容——530万元的价款,是否包含了家具和家电未能明确达成一致意见。

定金合同具有从属性,是依主合同而成立。原告支付的该5万元定金(原为诚意金转化而来),是当事人为订立正式的合同而设立的,是立约定金。但现双方对正式合同并未充分协商确定。而未能签订正式合同的原因,并不是原告任某,也不是被告陈某。因主合同的主要内容尚未明确,双方当事人未能就主合同的内容达成一致的意思表示,因此,此时主合同并未成立,而作为从合同的定金合同也并不成立。故陈某不能适用定金罚则将该5万元没收,陈某也不需双倍返还,只需原款返还5万元。

相关知识链接

1. 意向金(或者诚意金)与定金的区别

在房屋买卖的居间合同中,卖方或者是经纪方要求买方先期支付一定的意向金(或者诚意金),以表明购房者的明确意向。但是,该意向金(或者诚意金)不是定金,在法律上不具有担保性质。本案中的意向金(或者诚意金)之所以可以转化为定金,是因为该房屋居间合同是一个附条件、附期限合同。只有在设定的期限内,并且所附条件成就,该意向金(或者诚意金)才转化为定金。只有这个时候,该笔钱具有了担保性质。

2.《中华人民共和国合同法》关于附条件合同和附期限合同的规定

《合同法》第四十五条规定:当事人对合同的效力可以约定附条件。附生效条件的合同,自条件成就时生效。附解除条件的合同,自条件成就时失效。

当事人为自己的利益不正当地阻止条件成就的,视为条件已成就;不正当地促成条件成就的,视为条件不成就。

《合同法》第四十六条规定:当事人对合同的效力可以约定附期限。附生效期限的合同,自期限届至时生效。附终止期限的合同,自期限届满时失效。

案例9 企业破产风险：创辉模式破产

【基本案情】

2008年1月15日，号称全国规模最大、网点最多，以深圳为总部、在全国有1800多家门店的地产中介创辉租售传出要倒闭的消息。

广州市内的近300家创辉租售全部关门，理由是调整经营，清算资产。与2007年发展高峰时的开铺速度可谓形成鲜明对比。门上均贴有"暂停营业"的告示。

创辉租售董事长林某表示，目前创辉收缩铺面确实存在，不过倒闭完全是传言，没有依据。创辉目前只是正常的"瘦身"，公司运作依然正常。创辉仍然在积极准备上市，没有关门歇业的打算。

华南区总经理吴某表示，目前广州市面上共有近300家创辉租售店面，暂停营业盘清资产后，将关停部分位置不合理，长期亏损的店面，根据计划，届时广州市将只剩下100家左右的创辉租售门店。暂停营业绝对不是因为资金出现问题濒临破产，而是因为公司即将转换经营模式，盘清资产的需要。

【创辉模式的运作方式】

1. 独特的"监管奖励"

创辉租售的房产经纪人，除了和其他中介一样，每做成一单买卖可以拿到提成外，经纪人还可以得到一笔额外的奖金叫做"监管奖励"。

创辉租售独有的"监管奖励"制度是房产经纪人在上下家交易过程中，如果劝说下家把订金、首付或者尾款先打到公司的账户，每笔交易经纪人可以拿到100元的奖励。

一笔二手房交易从决定购买、付订金，到签订购房合同再到过户，最后办理产证至少要一个月。而二手房资金的监管一直是个难题，这正好被创辉租售钻了空子。

在交易中，下家把钱直接给上家，风险也很大。所以，创辉租售的房产经纪人就会劝说下家把钱先存到创辉租售的账户，成功率很高。客户更愿意相信一个中立的机构。

按照一般的二手房买卖流程,定金和首付款留在中介账户中的时间在10天左右,而尾款停留在账户中的时间更长,至少有20天。

2. 挪用客户资金扩张

但是,创辉租售这个表面上号称"替客户监管资金"的账户,其实是以个人名义开设的。创辉租售公司在银行开的账户是对私账号,账户名分别是公司的两个高层肖某和李某。肖某为创辉租售上海总部总负责人、华东A区副总经理。

这样的设置,让挪用客户资金有了可能。创辉租售扩张的资金就是用的客户的资金。在市场好的时候,一家门店一天可以接好几笔生意,每个客户的资金停留在账户的时间足够创辉周转。

创辉租售公司否认挪用资金的说法,认为账户虽然是以个人名义开设的,但是由集团统一管理。

【创辉模式破产的原因】

1. 盲目扩张

业内人士认为,该公司迅速"死亡"的重要原因是盲目扩张。创辉租售,2007年5月18日正式进入上海,三个月时间开出280家门店,但是继当年10月份开始拖欠工资后,2008年1月,280家门店全部被搬空,创辉租售随即迅速"死亡"。

2. "深圳寒流"蔓延全国

创辉租售难以为继的另外一个原因是受到二手房市场的寒流侵袭。深圳总部在2007年中旬的时候,曾经开到了700~800家门店,到2008年已经只剩下了400家。全国各地的门店都在"瘦身"。2008年以来,深圳房地产成交量从每天几百套萎缩到到每天几十套,整个行业似乎进入了寒冬期。

【点评】

随着"深圳中天置业卷款逃逸"事件和"长河地产关门倒闭"事件的发生,房地产业内一时风声鹤唳。

值得注意的是,2007年底因为资金链断裂而死亡的中天置业同样来自深圳。而中介"瘦身"也不仅限于深圳。总部位于北京的中介公司中大恒基也开始"瘦身"。该公司在北京总共有600家门店,近期关闭了50家。

中介公司在楼市火爆时迅速扩张,而在楼市冷清时就急剧收缩。这样经营规模的调整是公司控制成本和规避风险的需要,但是对于购房人及投资人而言,公司的突然撤退,风险可谓巨大。

相关知识链接

加盟连锁(特许连锁)与直营连锁的区别

1. 产权关系不同

加盟连锁(特许连锁)是独立主体之间的合同关系,各个特许加盟店的资本是相互独立的,与总部之间没有资产纽带;而直营连锁店都属于同一资本所有,各个连锁店由总部所有并直接运营、集中管理。这是加盟连锁与直营连锁最本质的区别。特许经营总部由于利用他人的资金迅速扩大产品的市场占有率,所需资金较少。相比之下,直营连锁的发展更易受到资金和人员的限制。

2. 法律关系不同

加盟连锁(特许连锁)中特许人(总部)和被特许人(加盟店)之间的关系是合同关系,双方通过订立特许经营合同建立起关系,并通过合同明确各自的权利和义务。而直营连锁中总部与分店之间的关系则由内部管理制度进行调整。

3. 管理模式不同

加盟连锁(特许连锁)的核心是特许经营权的转让,特许人(总部)是转让方,被特许人(加盟店)是接受方,特许经营体系是通过特许者与被特许者签订特许经营合同形成的。各个加盟店的人事和财务关系相互独立,特许人无权进行干涉。而在直营连锁经营中,总部对各分店拥有所有权,对分店经营中的各项具体事务均有决定权,分店经理作为总部的一名雇员,完全按总部意志行事。

4. 涉及的经营领域不完全相同

直营连锁的范围一般限于商业和服务业,而加盟连锁(特许连锁)的范围则宽广得多,除商业、零售业、服务业、餐饮业、制造业、高科技信息产业等领域外,在制造业也被广泛应用。

案例10 楼市政策变动:楼市新政不属于"不可抗力"

【基本案情】

2010年4月中旬,某外企工作的陈先生在中介处挂牌出售自己位于某市高新区的一套房产。一周后,房产中介带着吴某来看房,商谈最终价格时,陈先生觉得买房人吴某很有诚意,便收下吴某的30 000元定金,约定两周内吴某付首付。

然而,约定的期限届满之时,吴某却告知陈先生,由于这是夫妇俩的第二套房,新政后首付款提高到50%,实在没有能力购买,要求解约,退还定金。但陈先生要求对方按合同约定的违约金条款,即按房款的20%,支付30万元的违约金。但吴某却坚持认为,国家政策调整是"不可抗力",一分钱都不肯赔,双方之间没有达成共识。

双方协商未果不能达成一致意见,吴某无奈之下,诉至法院。吴某认为由于楼市新政的调整,导致自己没有能力履行合同,属于不可抗力,要求陈先生退还收取的定金。在法庭上,陈先生称吴某违约,不同意退还定金,而是应当承担购房款20%的违约金。

【法院处理】

在法院的主持下,双方达成调解协议,陈先生退还吴某2.5万元购房定金。

【案情分析】

本案中,吴某所述的国家政策调整,提高二套房的首付比例及相应的银行贷款利率。该情形不属于不可抗力。合同法上所称不可抗力,是指不能预见、不能避免并不能克服的客观情况。《中华人民共和国合同法》第一百一十七条规定:因不可抗力不能履行合同的,根据不可抗力的影响,部分或者全部免除责任。但是,吴某所述的国家政策调整属于合同法上的"情势变更"。

《最高人民法院关于适用〈中华人民共和国合同法〉若干问题的解释(二)》第二十六条关于情势变更的相关规定:合同成立以后客观情况发生了当事人在订立合同时无法预见的、非不可抗力造成的不属于商业风险的重大变化,继续履行合同对于一方当事人明显不公平或者不能实现合同目的,当事人请求人民法院变更或者解除合同的,人民法院应当根据公平原则,并结合案件的实际情况确定是否变更或者解除。

因此,吴某提出解约有客观的事实和法律依据。而合同解除后,陈先生就应当退回吴某所支付的定金,不能按违约责任追究吴某的违约责任,主张房款20%的违约金。

【点评】

房价一路往上,不少买房人都想方设法防止卖家违约而临时抬价。如新政出来了,出现买家因为感觉买贵了,或是因贷款额度不足无法按期足额付款而违约的情况在二手房违约案例中较为普遍,尤以"政策调整,首付提高"为背景的约占到80%。楼市政策的多变,给房产交易双方都带来了许多不确定因素,增加了交易的风险。

房产调控政策中的情势变更与不可抗力的区别主要表现在以下两点:

(1) 合同履行的障碍程度

不可抗力与情势变更虽均构成履行障碍,但程度不同,不可抗力已构成不能履行;情势变更有的未达到不能履行的程度(可能履行),有的可能达到不能履行的程度(部分不能或一时不能)。所以,当不可抗力导致完全的和永久的不能履行时,可发生合同解除,且不排斥风险负担,也不适用情势变更。

所谓情势是指合同有效成立后出现的不可预见的情况,作为合同基础或环境的一切客观事实。当不可抗力导致合同履行十分困难,若按合同规定履行就显示不公平,才适用情势变更,可通过变更合同的方式,调整双方的合同关系,若双方无法达成新的协议,则可通过法院根据具体情况,做出公正裁决。

(2) 处理后果上的区别

情势变更的当事人可以请求人民法院变更或者解除合同的,人民法院应当根据公平原则,并结合案件的实际情况确定是否变更或者解除。

因不可抗力不能履行合同或者造成他人损害的,不承担民事责任,但法律另有规定的除外。

由此可见,情势变更并不必然导致当事人免除责任,是否可以免除,须由当事人诉之法院来解决。而遭遇不可抗力的当事人只要能证明不能履行合同或者造成他人损害是不可抗力造成的,就可以不承担民事责任。如地震致使在建的房屋倒塌,开发商可以因此免除交房的责任。

相关知识链接

《中华人民共和国合同法》关于不可抗力和情势变更的规定:

1. 不可抗力的相关规定

《中华人民共和国合同法》所称不可抗力,是指不能预见、不能避免并不能克服的客观情况。

第一百一十七条　因不可抗力不能履行合同的,根据不可抗力的影响,部分或者全部免除责任,但法律另有规定的除外。当事人迟延履行后发生不可抗力的,不能免除责任。

第一百一十八条　当事人一方因不可抗力不能履行合同的,应当及时通知对方,以减轻可能给对方造成的损失,并应当在合理期限内提供证明。

2. 情势变更的相关规定

2009年2月9日,最高人民法院审判委员会第1462次会议通过的《最高人民法院关于适用〈中华人民共和国合同法〉若干问题的解释(二)》第二十六条关于合同履行中的情势变更的规定:合同成立以后客观情况发生了当事人在订立合同时无法预见的、非不可抗力造成的不属于商业风险的重大变化,继续履行合同对于一方当事人明显不公平或者不能实现合同目的,当事人请求人民法院变更或者解除合同的,人民法院应当根据公平原则,并结合案件的实际情况确定是否变更或者解除。

案例11　资金风险:深圳中天置业老总卷款逃跑案

【基本案情】

2007年11月13日,深圳市公安局经济犯罪侦查局就中天置业老板可能携款潜逃报案后,又有15名事主报案,涉及受害人23名,涉及款项人民币2 600余万元。2007年7月以来,深圳市中天长盛担保有限公司为受害人办理购买商品房按揭贷款作担保,银行将贷款付给中天长盛公司后,该公司未将银行发放的贷款按合同规定交付给售房人原贷款银行"赎楼",涉及金额巨大,要求公安机关介入调查。

中天置业老板蒋飞携款潜逃的消息经媒体披露后,深圳市全市的中天门店均已关门歇业,数百员工聚集在一起希望要回被拖欠的款项,更出现了甩卖店内财产的"无奈之举"。中天挪用客户各类资金太过火,拆东墙补西墙的经营模式遭遇深圳2007年下半年近两个月的惨淡楼市后,其资金链9月左右已开始出现危机。

【中天置业的经营模式】

中天置业的经营的主要模式——沉淀客户资金,扩张经营规模。

深圳中天置业评估有限公司成立于2003年3月4日,是集房地产信息咨询、评估、经纪代理等多项业务为一体的专业化公司。2003年,中天置业在深圳罗湖区起步、在福田区发展、在南山获得突破;2004年中天进入深圳龙岗、宝安两区,业务网络覆盖特区内外;2005年,中天启动全国战略,业务触角伸至华东、华西、华北等全国各地。截至2006年上半年,中天置业已拥有房地产经纪分行150余间,员工逾2 000人,排名深圳第五。初步建立了以深圳为总部,以北京、上海、成都为区域中心,辐射全国的庞大业务网络。获得"25年中国最具价值的深圳中介品牌"等称号。

深圳很多二手房中介都在挪用客户交易保证金,个别中介甚至滥用这笔钱而疯狂扩张,中天置业和蒋飞是典型。2003年至2004年间,蒋飞股本金由38万飞跃到680万元,成为中天公司第一股东。这暴涨的资金其实大部分为蒋飞占用的购房和卖房者钱款。拖欠客户款是他一贯的做法,也是公司扩张的重要手段和崩盘祸根。

2005年至2006年,深圳楼价涨速加快,原来每平方米六千多元的二手房可以卖到万元左右。中天置业也快速扩张分店至120家,蒋飞也荣膺"深圳地产十大风云人物"。

中介公司参与房产交易时,一般都是要求购房者在合同签订的3天内,将首期款(一般是售房款的两到三成)打入指定银行账户,进行资金监管。等到国土房管部门登记，合同生效后，中介公司才会把房款付给卖方。由于目前没有严格的法律限制，购房款在中介公司账户上的停留时间短则一个月，长则半年或更久。由于铺面多、业务量大，加上缺乏监管，一些不法房地产中介就利用收、付款的时间差，挪用这些资金，用于炒房、炒股，或开设门店，追求短期利润。

【中天置业倒闭原因分析】

中天置业倒闭的原因——楼市低迷引发资金链断裂。

天安国际大厦A座20层，有一个"中天长盛"担保公司，它是"中天置业"评估有限公司总部的一个下属公司，主要为客户办理资金担保和监管。公司这两年摊子铺得太大，上海、成都都开了分公司，目前公司有100多家分行。

公司老板蒋飞几年前在一家房地产公司当售楼员，2003年3月自己单干，成立了这个房屋中介公司，公司由起初的4家店铺，慢慢发展到目前的100多家，可谓白手起家。公司除蒋飞外，还有另两名股东，但这两名股东不管理公司，只是挂个名，公司的管理和财务都是蒋飞一个人说了算。

近几年，深圳的房地产业务和二手房市场火爆，蒋飞借着这个势头也赚了不少钱，蒋飞此人做生意泼辣，很多时候将客户的钱压着不放，不是客户逼得急，他很少将房款给客户。从2007年7月份开始，这种行为尤为突出，有时甚至是拆东墙补西墙。

公司的摊子铺得太大，资金链一旦被打破，就像多米诺骨牌一样，而2007年深圳二手房低迷的走势，就是推倒的第一张牌。中天置业评估有限公司内部员工分析认为，最近一段时间，深圳二手房交易低迷给了蒋飞的资金链致命一击。

受国家近来调控政策的影响，加上深圳市规范房地产市场的一些相关政策，如2007年11月10日的二手房只成交2套，均价1.2万元/平方米，12日成交192套。从2007年9月开始的低迷成交量已经明显拖累了深圳的地产中介行业，店铺关门、中介人员流失，地产中介行业举步维艰的时候到了。

中天置业在各门店都只派驻了一位文员，没有直接的负责人，所有员工都向总公司负责，说到底，还是一种家庭作坊式的操作。

中介机构都是拿了楼款和订金来发工资、交铺租,成交一旦惨淡,资金链马上就断。中天的危机,用一句话形容就是,冰冻三尺非一日之寒。企业抱了什么样的心态进入市场就会得到什么样的结果,通过挪用的办法来融资,失败的可能性太大了。

【点评】

1. 中介忙扩张,"醉翁之意不在酒"

对于很多中介公司而言,开设的门店就等于银行的营业网点。门店越多,吸纳的房款就越多,可以腾挪的空间就越大。因此一些中介公司热衷于"超常规发展",开设的分公司、门店很多,但交易量却很少,其原因就在于中介公司"醉翁之意不在酒"。

近年来,房地产市场火爆,积淀在中介公司的房款很多,因此他们拆补挪用资金窟窿比较容易,一般不容易出现问题,但这也不能排除一些公司因为经营不善而引发纠纷。更可怕的是,一旦楼市整体下滑,资金链条发生断裂,中介公司挪用的资金就难以为继了。

2. 如何保障房款安全

2007年1月22日,建设部与中国人民银行联合发布《关于加强房地产经纪管理规范交易结算资金账户管理有关问题的通知》,为解决房地产经纪机构挪用交易资金问题,要求建立存量房交易结算资金管理制度。根据存量房交易结算资金管理制度,房地产经纪机构或交易保证机构必须在银行开立客户交易结算资金专用存款账户,房产买方应将资金存入或转入客户交易结算资金专用存款账户下的子账户。交易完成后,通过转账的方式划入房产卖方的个人银行结算账户,不得支取现金。

按照相关规定,房款须由可靠的第三方来管理,比如银行以及房产管理部门指定的机构。为进一步保障市民资金安全,房地产交易中心开设购房人代存交易资金的业务:即买卖双方办理买卖登记手续时,由买方将购房款存入交易中心指定银行,待办理过户后,由交易中心将购房款直接付给卖方,这就是房地产交易中心代为暂存的程序,这种方式保证了二手房交易过程中购房人资金的安全。

相关背景知识

苏州市二手房交易资金托管业务流程（贷款付款）

第一步：通过"市网上房地产"操作系统，买卖双方签订《存量房买卖协议》。

第二步：买卖双方与托管机构（即房地产市场综合服务中心）签订三方的《存量房交易资金托管协议》。

第三步：买方按约定日期将首付款存入托管机构在托管银行开立的"存量房客户交易结算资金专用账户"，由托管银行出具统一格式的首付款部分的《存量房交易资金托管收款凭证》。

第四步：买方凭首付款《存量房交易资金托管收款凭证》及贷款银行所需其他贷款资料向银行申请贷款。

第五步：银行发放贷款，贷款资金存入托管银行"存量房客户交易结算资金专用账户"后，托管银行出具贷款部分的《存量房交易资金托管收款凭证》。

第六步：凭全部托管资金的《存量房交易资金托管收款凭证》到托管机构换开《存量房交易资金托管证明》，并凭此证明及其他所需要资料办理产权过户手续。

第七步：产权登记完成，托管机构工作人员将房款一次性转入卖方账户，卖方直接到银行提取售房款，买方到房管部门领取房产证；登记机构予以退件的，买方申请退款，托管机构工作人员将售房款一次性转入买方交款账户。

案例12 承诺不当风险：中介公司"合理避税"或"免税"承诺风险

【基本案情】

在国企工作的李先生于1998年在洋桥附近购得一套房改房，建筑面积75平方米，两居室，一家三口居住。李先生打算把自己年迈的父母接过来居住，这样也便于照顾。五口人住在两居室里显然环境差了些，为此，李先生决定把房屋出售，然后到郊区购置一套大三居来改善居住环境。2010年4月,李先生把房屋委托给某经纪公司代为出售,李先生报价为5 300元/平方米,总价为39.75万元。2010年6月20日,李先生与在私企工作的刘女士初步达成购房意向。中介公司在得知李先生的房屋是1998年购买的,向刘女士承诺"交易没有所得税、营业税"。但是在正式办理交易手续时才发现,李先生的房屋虽是1998年购买的,但其产权证上的时间却是2008年,恰好在两年内出售房屋全额征收营业税的范围内。而且从2010年6月15日起,个人所得税的征收开始与房产过户挂钩,朝阳、东城已开始试点。

经过计算,该房屋如果上市交易,李先生应该缴纳营业税1.987 5万元,即39.75×5%=1.987 5(万元);并应缴纳个人所得税=(售房款-住房建筑面积×4 000元/平方米-合理费用)×20%,即(39.75-75×4 000元/平方米-合理费用)×20%=1.95万元。

【本案交易结果】

面对这将近4万元的高额税收,买卖双方都不愿意承担,当然中介公司更不会承担这个税费。经过一个小时的谈判,最后终于以买方放弃购买而告终。

【案情分析】

针对上述情况,不少中介公司提出了所谓的"合理避税"方案:以租代售、租售同步、延迟交易过户等。

其中,以租代售比较常见,即:如果业主出售的是个人购买不足2年的房屋(时间以产权证或契税完税证明为准),按规定是要全额征收营业税的,为了避税,买卖双方可以先签订一份租赁合同,买家先以租房的形式居住在该房屋内,等到购房时间超过2年期限后,买卖双方再签订二手房买卖合同。

另外,在一些交易中,有人还采取签订阴阳合同的方法避税,买卖双方签订两份合同,一份是针对主管部门签订的合同,采用以区域指导价来计算销售价的方法,以此达到少缴税的目的。另一份是真实的买卖双方签订的合同,该合同是按照双方交易的实际成交价格签订的。

作为二手房交易的双方必须意识到所谓合理避税存在着不小的法律风险。

现实中某些所谓合理避税手段,实为交易双方以所谓合法的形式减少或逃避应纳税款的行为。交易双方采取"以租代售"方式减少或规避应纳税款的行为,对于交易双方都存在很大的法律风险。对于"出租人"(实为出卖人)而言,承租人拥有随时解约的权利,若"承租人"(实为买受人)在租赁期内由于经济状况、房屋价格等因素不再承租房屋的,请求解除双方所签租赁合同,出租人出售房屋目的即无法实现。

对于签订阴阳合同的情况,对卖方来说存在的风险是,买方很可能以在房地局备案的合同为要挟,在办理完过户手续后,要求卖方降低房屋出售价格。对于买方来说存在的风险是,如果在过户前缴纳了房款,而卖方违约不卖,却只赔付以给房地局签订的合同中表示的价格,买方没有充分证据,会遭受大额损失。

【点评】

个别中介公司提出的"避税"方案存在很大风险,购房者不要轻易相信。中介公司提出免税的承诺,也要看是否符合国家的相关税收政策和法规。另外,中介公司要及时掌握国家的税收政策和相关法规,在宏观调控的形势下,相关政策和法规也调整得很快。规避风险的做法是最好约定,"交易双方的税费应按照国家法律的规定各自承担"。这样可以避免对交易双方承担税费的歧义,更不能承诺由中介公司来"免税"或者"避税"。

相关知识链接

合理避税:以合法的手段和方式来达到减少缴纳税款的经济行为。即通过不违法的手段对经营活动和财务活动精心安排,尽量满足税法条文所规定的条件,以达到减轻税收负担的目的。避税的依据:非不应该和非不允许。

偷税则是纳税人采取伪造、变造、隐匿、擅自自毁账簿、记账凭证,在账簿上多列支出或不列、少列收入,或者进行虚假的纳税申报的手段,不缴或少缴应纳税款的行为,是法律所不允许的非法行为,偷税行为要受到行政处罚或刑事制裁。

逃税是指纳税人故意不遵守税法规定,不履行纳税义务的行为。广义上逃税还包括纳税人因疏忽或过失没有履行税法规定的纳税义务的行为。逃税不是专门的法律术语。广义的逃税,应包括偷税和抗税。后者是列入刑事犯罪范畴的,是逃税发展的极端成果。偷是秘密的,抗是公开的,表现形式不同,性质并无太大区别。

附录 1 房产测绘管理办法

（2000年10月8日原建设部第31次常务会议审议通过、2000年10月26日原国家测绘局局常务会议审议通过（经国土资源部批准授权），2000年12月28日公布，自2001年5月1日起施行）

第一章 总 则

第一条 为加强房产测绘管理，规范房产测绘行为，保护房屋权利人的合法权益，根据《中华人民共和国测绘法》和《中华人民共和国城市房地产管理法》，制定本方案。

第二条 在中华人民共和国境内从事房产测绘活动，实施房产测绘管理，应当遵守本规则。

第三条 房产测绘单位应当严格遵守国家有关法律、法规，执行国家房产测量规范和有关技术标准、规定，对其完成的房产测绘成果质量负责。房产测绘单位应当采用先进技术和设备，提高测绘技术水平，接受房地产行政主管部门和测绘行政主管部门的技术指导和业务监督。

第四条 房产测绘从业人员应当保证测绘成果的完整、准确，不得违规测绘、弄虚作假，不得损害国家利益、社会公共利益和他人合法权益。

第五条 国务院测绘行政主管部门和国务院建设行政主管部门根据国务院确定的职责分工负责房产测绘及成果应用的监督管理。

省、自治区、直辖市人民政府测绘行政主管部门（以下简称省级测绘行政主管部门）和省、自治区人民政府建设行政主管部门、直辖市人民政府房地产行政主管部门（以下简称省级房地产行政主管部门）根据省、自治区、直辖市人民政府确定的职责分工负责房产测绘及成果应用的监督管理。

第二章　房产测绘的委托

第六条　有下列情形之一的,房屋权利申请人、房屋权利人或者其他利害关系人应当委托房产测绘单位进行房产测绘：

（一）申请产权初始登记的房屋；

（二）自然状况发生变化的房屋；

（三）房屋权利人或者其他利害关系人要求测绘的房屋。

房产管理中需要的房产测绘,由房地产行政主管部门委托房产测绘单位进行。

第七条　房产测绘成果资料应当与房产自然状况保持一致。房产自然状况发生变化时,应当及时实施房产变更测量。

第八条　委托房产测绘的,委托人与房产测绘单位应当签订书面房产测绘合同。

第九条　房产测绘单位应当是独立的经济实体,与委托人不得有利害关系。

第十条　房产测绘所需费用由委托人支付。

房产测绘收费标准按照国家有关规定执行。

第三章　资格管理

第十一条　国家实行房产测绘单位资格审查认证制度。

第十二条　房产测绘单位应当依照《中华人民共和国测绘法》和本办法的规定,取得省级以上人民政府测绘行政主管部门颁发的载明房产测绘业务的《测绘资格证书》。

第十三条　除本办法另有规定外,房产测绘资格审查、分级标准、作业限额、年度检验等按照国家有关规定执行。

第十四条　申请房产测绘资格的单位应当向所在地省级测绘行政主管部门提出书面申请,并按照测绘资格审查管理的要求提交有关材料。

省级测绘行政主管部门在决定受理之日起5日内,转省级房地产行政主管部门初审。省级房地产行政主管部门应当在15日内,提出书面初审意见,并反馈省级测绘行政主管部门；其中,对申请甲级房产测绘资格的初审意见应当同时报国务院建设行政主管部门备案。

申请甲级房产测绘资格的,由省级测绘行政主管部门报国务院测绘行政主管部门审批发证；申请乙级以下房产测绘资格的,由省级测绘行政主管部门审批发证。

取得甲级房产测绘资格的单位,有国务院测绘行政主管部门和国务院建设行政主管部门联合向社会公告。取得乙级以下房产测绘资格的单位,由省级测绘行政主管部门和省级房地产行政主管部门联合向社会公告。

第十五条　《测绘资格证书》有效期为5年,期满3个月前,由持证单位提请复审,发证机关负责审查和换证。对有房地产测绘项目的,发证机关在审查和换证时,应当征求同级房地产行政主管部门的意见。

在《测绘资格证书》有效期内,房产测绘资格由测绘行政主管部门进行年检。年检时,测绘行政主管部门应当征求同级房地产行政主管部门的意见。对年检中被降级或者取消房产测绘资格的单位,由年检的测绘行政主管部门和同级房地产行政主管部门联合向社会公告。在《测绘资格证书》有效期内申请房产测绘资格升级的,依照本办法第十四条的规定重新办理资格审查手续。

第四章　成果管理

第十六条　房产测绘成果包括:房产簿册、房产数据和房产图集等。

第十七条　当事人对房产测绘成果有异议的,可以委托国家认定的房产测绘成果鉴定机构鉴定。

第十八条　用于房屋权属登记等房产管理的房产测绘成果,房地产行政主管部门应当对施测单位的资格、测绘成果的适用性、界址点准确性、面积测算依据与方法等内容进行审核。审核后的房产测绘成果纳入房产档案统一管理。

第十九条　向国(境)外团体和个人提供、赠送、出售未公开的房产测绘成果资料,委托国(境)外机构印制房产测绘图件,应当按照《中华人民共和国测绘法》和《中华人民共和国测绘成果管理规定》以及国家安全、保密等有关规定办理。

第五章　法律责任

第二十条　未取得载明房产测绘业务的《测绘资格证书》从事房产测绘业务以及承担房产测绘任务超出《测绘资格证书》所规定的房产测绘业务范围、作业限额的,依照《中华人民共和国测绘法》和《测绘资格审查认证管理规定》的规定处罚。

第二十一条　房产测绘单位有下列情形之一的,由县级以上人民政府房地产行政主管部门给予警告并责令限期改正,并可处以1万元以上3万元以下的罚款;情节严重的,由发证机关予以降级或者取消其房产测绘资格:

(一)在房产面积测算中不执行国家标准、规范和规定;

(二)在房产面积测算中弄虚作假、欺骗房屋权利人的;

(三) 房产面积测算失误的,造成重大损失的。

第二十二条 违反本办法第十九条规定的,根据《中华人民共和国测绘法》、《中华人民共和国测绘成果管理规定》及国家安全、保密法律法规的规定处理。

第二十三条 房产测绘管理人员、工作人员在工作中玩忽职守、滥用职权、徇私舞弊的,给予行政处分;构成犯罪的,依法追究刑事责任。

第六章 附 则

第二十四条 省级房地产行政主管部门和测绘行政主管部门可以根据本办法制定实施细则。

第二十五条 本办法由国务院建设行政主管部门和国务院测绘行政主管部门共同解释。

第二十六条 本办法自2001年5月1日起施行。

附: 办 理 程 序

(一) 受理

提交材料:北京市测绘行政主管部门转送的申请材料。

标准:申请材料齐全,符合法定形式。

岗位职责及权限:按照受理标准查验申请材料,并将申请材料转审查人员。

时限:即时。

(二) 审查

标准:

1. 有规定数量的测绘专业技术人员;
2. 有相应的仪器设备和设施;
3. 有健全的技术、质量保证体系和测绘成果及资料档案管理制度;
4. 为独立的法人单位,并有固定的住所。

具体考核指标参见《测绘资质管理规定》(国测法字〔2004〕4号)。

岗位职责及权限:

按照审查标准对受理人员移送的申请材料进行审查。

符合标准的,签署意见后将申请材料转决定人员。

不符合标准的,书面写明审查意见及理由后将申请材料转决定人员。

时限:6个工作日。

(三) 决定

标准:同审查标准。

岗位职责及权限：

对行政许可申请事项作出决定。

同意审查意见的,签署意见,转告知人员。

不同意审查意见的,书面提出意见及理由,转告知人员。

时限：2个工作日。

（四）告知

岗位职责及权限：

对审核同意的,在1个工作日内制作《办理结果通知书》和有关文书,并将申请材料退回北京市测绘行政主管部门。

对审核不同意的,在1个工作日内制作《办理结果通知书》,写明理由和申请人享有的依法申请行政复议或者提起行政诉讼的权利,并将申请材料退回北京市测绘行政主管部门。

时限：1个工作日（不包括送达期限）。

附录 2 房产测量规范(GB/T 17986.1—2000)

1 范围

本标准规定了城镇房产测量的内容与基本要求,适用于城市、建制镇的建成区和建成区以外的工矿企事业单位及其毗连居民点的房产测量。其他地区的房地产测量亦可参照执行。

2 引用标准

下列标准所包含的条文,通过在本标准中引用而构成为本标准的条文。本标准出版时,所示版本均为有效。所有标准都会被修订,使用本标准的各方应探讨使用下列标准最新版本的可能性。

GB/T 2260—1995　中华人民共和国行政区划代码

GB 6962—1986　1∶500、1∶1 000、1∶2 000 比例尺地形图航空摄影规范

GB/T 17986.2—2000　房产测量规范　第 2 单元:房产图图式

CH 1003—1995　测绘产品质量评定标准

3 总则

3.1 房产测量的目的和内容

3.1.1　房产测量的目的

房产测量主要是采集和表述房屋和房屋用地的有关信息,为房产产权、产籍管理、房地产开发利用、交易、征收税费,以及为城镇规划建设提供数据和资料。

3.1.2　房产测量的基本内容

房产测量的基本内容包括:房产平面控制测量,房产调查,房产要素测量,房产图绘制,房产面积测算,变更测量,成果资料的检查与验收等。

3.1.3 房产测量的成果

房产测量成果包括:房产簿册,房产数据和房产图集。

3.2 房产测量的基本精度要求

3.2.1 房产测量的精度指标与限差

本标准以中误差作为评定精度的标准,以两倍中误差作为限差。

3.2.2 房产平面控制测量的基本精度要求

末级相邻基本控制点的相对点位中误差不超过±0.025 m。

3.2.3 房产分幅平面图与房产要素测量的精度

3.2.3.1 模拟方法测绘的房产分幅平面图上的地物点,相对于邻近控制点的点位中误差不超过图上±0.5 mm。

3.2.3.2 利用已有的地籍图、地形图编绘房产分幅图时,地物点相对于邻近控制点的点位中误差不超过图上±0.6 mm。

3.2.3.3 对全野外采集数据或野外解析测量等方法所测的房地产要素点和地物点,相对于邻近控制点的点位中误差不超过±0.05 m。

3.2.3.4 采用已有坐标或已有图件,展绘成房产分幅图时,展绘中误差不超过图上±0.1 mm。

3.2.4 房产界址点的精度要求

房产界址点(以下简称界址点)的精度分三级,各级界址点相对于邻近控制点的点位误差和间距超过50 m的相邻界址点的间距误差不超过表1的规定;间距未超过50 m的界址点间的间距误差限差不应超过(1)计算结果。

表1 房产界址点的精度要求　　　　　单位:m

界址点等级	界址点相对于邻近控制点的点位误差和相邻界址点间的间距误差	
	限差	中误差
一	±0.04	±0.02
二	±0.10	±0.05
三	±0.20	±0.10

$$\Delta D = \pm(m_j + 0.02 m_j D) \tag{1}$$

式中:m_j——相应等级界址点的点位中误差,m;

D——相邻界址点间的距离,m;

ΔD——界址点坐标计算的边长与实量边长较差的限差,m。

3.2.5 房角点的精度要求

需要测定房角点的坐标时,房角点坐标的精度等级和限差执行与界址点相同的标准;不要求测定房角点坐标时则将房屋按 3.2.3 的精度要求表示于房产图上。

3.2.6 房产面积的精度要求

房产面积的精度分为三级,各级面积的限差和中误差不超过表 2 计算的结果。

表 2　房产面积的精度要求　　　　　　　　　　单位:m²

房产面积的精度等级	限差	中误差
一	$0.02S^{1/2}+0.0006S$	$0.01S^{1/2}+0.0003S$
二	$0.04S^{1/2}+0.002S$	$0.02S^{1/2}+0.001S$
三	$0.08S^{1/2}+0.006S$	$0.04S^{1/2}+0.003S$

注:S 为房产面积,m²。

3.3　测量基准

3.3.1　房产测量的坐标系统

房产测量应采用 1980 西安坐标系或地方坐标系,采用地方坐标系时应和国家坐标系联测。

3.3.2　房产测量的平面投影

房产测量统一采用高斯投影。

3.3.3　高程测量基准

房产测量一般不测高程,需要进行高程测量时,由设计书另行规定,高程测量采用 1985 国家高程基准。

4　房产平面控制测量

4.1　一般规定

4.1.1　房产平面控制网点的布设原则

房产平面控制点的布设,应遵循从整体到局部、从高级到低级、分级布网的原则,也可越级布网。

4.1.2　房产平面控制点的内容

房产平面控制点包括二、三、四等平面控制点和一、二、三级平面控制点。房产平面控制点均应埋设固定标志。

4.1.3　房产平面控制点的密度

建筑物密集区的控制点平均间距在 100 m 左右,建筑物稀疏区的控制点平均间距在 200 m 左右。

4.1.4 房产平面控制测量的方法

房产平面控制测量可选用：三角测量，三边测量，导线测量，GPS定位测量等方法。

4.1.5 各等级三角测量的主要技术指标

4.1.5.1 各等级三角网的主要技术指标应符合表3的规定。

表3 各等级三角网的技术指标

等级	平均边长（km）	测角中误差（″）	起算边边长相对中误差	最弱边边长相对中误差	水平角观测测回数			三角形最大闭合差（″）
					DJ_1	DJ_2	DJ_6	
二等	9	±1.0	1/300 000	1/120 000	12			±3.5
三等	5	±1.8	1/200 000（首级） 1/120 000（加密）	1/80 000	6	9		±7.0
四等	2	±2.5	1/120 000（首级） 1/80 000（加密）	1/45 000	4	6		±9.0
一级	0.5	±5.0	1/60 000（首级） 1/45 000（加密）	1/20 000		2	6	±15.0
二级	0.2	±10.0	1/20 000	1/10 000		1	3	±30.0

4.1.5.2 三角形内角不应小于30°，确有困难时，个别角可放宽至25°。

4.1.6 三边测量

4.1.6.1 各等级三边网的主要技术指标应符合表4的规定。

表4 各等级三边网的技术指标

等级	平均边长（km）	测距相对中误差	测距中误差（mm）	使用测距仪等级	测距测回数	
					往	返
二等	9	1/300 000	±30	Ⅰ	4	4
三等	5	1/160 000	±30	Ⅰ、Ⅱ	4	4
四等	2	1/120 000	±16	Ⅰ Ⅱ	2 4	2 4
一级	0.5	1/33 000	±15	Ⅱ	2	
二级	0.2	1/17 000	±12	Ⅱ	2	
三级	0.1	1/8 000	±12	Ⅱ	2	

4.1.6.2 三角形内角不应小于30°，确有困难时，个别可放宽至25°。

4.1.7 导线测量

4.1.7.1 各等级测距导线的主要技术指标应符合表5的规定。

表 5 各等级测距导线的技术指标

等级	平均边长 (km)	附合导线长度 (km)	每边长测距中误差 (mm)	测角中误差 (″)	导线全长相对闭合差	水平角观测的测回数 DJ$_1$	水平角观测的测回数 DJ$_2$	水平角观测的测回数 DJ$_6$	方位角闭合差 (″)
三等	3.0	15	±18	±1.5	1/60 000	8	12		±3$n^{1/2}$
四等	1.6	10	±18	±2.5	1/40 000	4	6		±5$n^{1/2}$
一级	0.3	3.6	±15	±5.0	1/14 000		2	6	±10$n^{1/2}$
二级	0.2	2.4	±12	±8.0	1/10 000		1	3	±16$n^{1/2}$
三级	0.1	1.5	±12	±12.0	1/6 000		1	3	±24$n^{1/2}$

注:n 为导线转折角的个数。

4.1.7.2 导线应尽量布设成直伸导线,并构成网形。

4.1.7.3 导线布成结点网时,结点与结点,结点与高级点间的附合导线长度,不超过表 5 中的附合导线长度的 0.7 倍。

4.1.7.4 当附合导线长度短于规定长度的 1/2 时,导线全长的闭合差可放宽至不超过 0.12 m。

4.1.7.5 各级导线测量的测距测回数等规定,依照表 4 相应等级执行。

4.1.8 GPS 静态相对定位测量

4.1.8.1 各等级 GPS 静态相对定位测量的主要技术要求应符合表 6 和表 7 的规定。

表 6 各等级 GPS 相对定位测量的仪器

等级	平均边长 D (km)	GPS 接收机性能	测量量	接收机标称精度优于	同步观测接收机数量
二等	9	双频(或单频)	载波相位	10 mm+2 ppm	≥2
三等	5	双频(或单频)	载波相位	10 mm+3 ppm	≥2
四等	2	双频(或单频)	载波相位	10 mm+3 ppm	≥2
一级	0.5	双频(或单频)	载波相位	10 mm+3 ppm	≥2
二级	0.2	双频(或单频)	载波相位	10 mm+3 ppm	≥2
三级	0.1	双频(或单频)	载波相位	10 mm+3 ppm	≥2

表 7 各等级 GPS 相对定位测量的技术指标

等级	卫星高度角 (°)	有效观测卫星总数	时段中任一卫星有效观测时间 (min)	观测时段数	观测时段长度 (min)	数据采样间隔 (s)	点位几何图形强度因子 PDOP
二等	≥15	≥6	≥20	≥2	≥90	15~60	≤6
三等	≥15	≥4	≥5	≥2	≥10	15~60	≤6
四等	≥15	≥4	≥5	≥2	≥10	15~60	≤8
一级	≥15	≥4	≥5	≥1	≥10	15~60	≤8
二级	≥15	≥4	≥5	≥1	≥10	15~60	≤8
三级	≥15	≥4	≥5	≥1	≥10	15~60	≤8

4.1.8.2 CPS网应布设成三角网形或导线网形,或构成其他独立检核条件可以检核的图形。

4.1.8.3 CPS网点与原有控制网的高级点重合应不少于三个。当重合不足三个时,应与原控制网的高级点进行联测,重合点与联测点的总数不得少于三个。

4.1.9 对已有控制成果的利用

控制测量前,应充分收集测区已有的控制成果和资料,按本规范的规定和要求进行比较和分析,凡符合本规范要求的已有控制点成果,都应充分利用;对达不到本规范要求的控制网点,也应尽量利用其点位,并对有关点进行联测。

4.2 水平角观测

4.2.1 水平角观测的仪器

水平角观测使用 DJ_1、DJ_2、DJ_6 三个等级系列的光学经纬仪或电子经纬仪,其在室外试验条件下的一测回水平方向标准偏差分别不超过 $\pm 1''$、$\pm 2''$、$\pm 6''$。

4.2.2 水平角观测的限差

水平角观测一般采用方向观测法,各项限差不超过表8的规定。

表8 水平角观测限差

经纬仪型号	半测回归零差(″)	一测回内2C互差(″)	同一方向值各测回互差(″)
DJ_1	6	9	6
DJ_2	8	13	9
DJ_6	18	30	24

4.3 距离测量

4.3.1 光学测距的作用

各级三角网的起始边、三边网或导线网的边长,主要使用相应精度的光电测距仪测定。

4.3.2 光电测距仪的等级

光电测距仪的精度等级,按制造厂家给定的 1 km 的测距中误差 m_0 的绝对值划分为二级:

Ⅰ级: $|m_0| \leq 5$ mm

Ⅱ级: $5\text{ mm} < |m_0| \leq 10\text{ mm}$

4.3.3 光电测距限差

光电测距各项较差不得超过表9的规定。

表 9 光电测距限差

仪器精度等级	一测回读数较差 (mm)	单程读数差 (mm)	往返测或不同时段观测结果较差
Ⅰ级	5	7	$2(a+b\times D)$
Ⅱ级	10	10	

注：a、b 为光电测距仪的标称精度指标；a 为固定误差，mm；b 为比例误差；D 为测距边长，m。

4.3.4 气象数据的测定

光电测距时应测定气象数据。二、三、四等边的温度测记至 0.2℃，气压测记至 0.5 hPa；一、二、三级边的温度测记至 1℃，气压测记至 1 hPa。

4.4 平面控制测量成果的检验和整理

4.4.1 三角测量的检验

4.4.1.1 当三角形个数超过 20 个时，测角中误差按式（2）计算。

$$m_\beta = \pm\sqrt{\frac{[WW]}{3n}} \tag{2}$$

式中：W——三角形闭合差，(")；

n——三角形个数。

4.4.1.2 三角网极条件、边条件和方位角条件自由项的限差，分别按式（3）、式（4）、式（5）计算。

$$W_{极允} = \pm 2\left(\frac{m_\beta}{\rho''}\right)\sqrt{\sum \cot^2\beta} \tag{3}$$

$$W_{边允} = \pm 2\sqrt{\left(\frac{m_\beta}{\rho''}\right)^2 \sum \cot^2\beta + \left(\frac{m_{D_1}}{D_1}\right)^2 + \left(\frac{m_{D_2}}{D_2}\right)^2} \tag{4}$$

$$W_{方允} = \pm 2\sqrt{nm_\beta^2 + m_{a_1}^2 + m_{a_2}^2} \tag{5}$$

式中：m_β——相应等级规定的测角中误差，(")；

β——传距角；

$\dfrac{m_{D_1}}{D_1}$，$\dfrac{m_{D_2}}{D_2}$——起算边边长相对中误差；

m_{a_1}，m_{a_2}——起算方位角中误差，(")；

n——方位角推算路线的测站数。

$\rho'' = 206\ 265$

4.4.2 三边测量的检验

4.4.2.1 用光电测距仪往返观测或不同时段观测时，距离测量的单位权中误差按

(6)式计算。

$$\mu = \sqrt{\frac{[pdd]}{2n}} \tag{6}$$

根据 μ 及 p_i 估算任一边的实际测距中误差,按(7)式计算。

$$m_{D_i} = \pm \mu \sqrt{\frac{1}{p_i}} \tag{7}$$

式中:d——往返测距离的较差,m;

n——测距边数;

p——距离测量的先验权,$p_i = \frac{1}{\delta_{Di}^2}$,$\delta_{Di}$ 为测距的先验中误差,可以测距仪的标称精度计算。

μ——距离测量的单位权中误差。

4.4.2.2 三边网中观测一个角度的观测值与由测距边计算的角值较差的检核。

a) 根据各边平均测距中误差检核,按式(8)计算限差。

$$W_{允} = \pm 2\sqrt{\left(\frac{m_D}{h_0}\rho''\right)^2 (\cos^2\alpha + \cos^2\beta + 1) + m_\beta^2} \tag{8}$$

b) 根据各边的平均测距相对中误差检核,按(9)式计算限差。

$$W_{允} = \pm 2\sqrt{2\left(\frac{m_D}{D}\rho''\right)^2 (\cot^2\alpha + \cot^2\beta + \cot\alpha\cot\beta) + m_\beta^2} \tag{9}$$

式中:m_D——观测边的平均测距中误差,m;

h_0——观测角顶点至对边垂线长度,m;

α、β——三角形中观测角以外的另两个角度;

m_β——相应等级规定的测角中误差,(″);

$\frac{m_D}{D}$——各边的平均测距相对中误差。

$\rho'' = 206\,265$

4.4.2.3 三边网角条件,包括圆周角条件与组合角条件自由项的检核按式(10)计算限差。

$$W_{角允} = \pm 2m_D\sqrt{[\alpha\alpha]} \tag{10}$$

式中:m_D——观测边的平均测距中误差,mm;

α——圆周角条件或组合条件方程式的系数。

4.4.3 导线测量的检核

4.4.3.1 按左右角观测的三、四等导线测量的测角中误差按式(11)计算。

$$m_\beta = \pm \sqrt{\left[\frac{\Delta\Delta}{2n}\right]} \tag{11}$$

式中：Δ——测站圆周角闭合差，(″)；

n——测站圆周角闭合差的个数。

4.4.3.2 以导线方位角闭合差计算测角中误差按式(12)计算。

$$m_\beta = \pm \sqrt{\frac{1}{N}\left[\frac{f_\beta^2}{n}\right]} \tag{12}$$

式中：f_β——附合导线或闭合导线环的方位角闭合差，(″)；

n——计算 f_β 的测站数；

N——附合导线或闭合导线环的个数。

4.4.4 GPS 静态相对定位测量成果的检核

4.4.4.1 同步观测量成果的检核

a) 三边同步环的闭合差的限差按式(13)计算。

$$\left.\begin{aligned} W_X &= \sum_1^N \Delta X \leqslant \frac{\sqrt{3}}{5}\sigma \\ W_Y &= \sum_1^N \Delta Y \leqslant \frac{\sqrt{3}}{5}\sigma \\ W_Z &= \sum_1^N \Delta Z \leqslant \frac{\sqrt{3}}{5}\sigma \\ W &= \sqrt{W_X^2 + W_Y^2 + W_Z^2} \leqslant \frac{3}{5}\sigma \end{aligned}\right\} \tag{13}$$

b) 多边同步环的闭合差的限差按式(14)计算。

$$\left.\begin{aligned} W_X &= \frac{\sqrt{n}}{5}\sigma \\ W_Y &= \frac{\sqrt{n}}{5}\sigma \\ W_Z &= \frac{\sqrt{n}}{5}\sigma \\ W &= \sqrt{W_X^2 + W_Y^2 + W_Z^2} \leqslant \frac{\sqrt{3n}}{5}\sigma \end{aligned}\right\} \tag{14}$$

式中：W_X, W_Y, W_Z——各坐标差分量的闭合差；

σ——相应等级规定的精度（按平均边长计算）；

n——闭合环的边数。

4.4.4.2 不同时段观测成果的检核

a) 同一边任何两个时段的成果互差，应小于接收机标称精度的 $2\sqrt{2}$ 倍。

b) 若干个独立观测边组成闭合环时，各坐标差分量闭合差应符合(15)式规定。

$$\left.\begin{aligned} W_X &= \sum_1^n \Delta X \leqslant 3\sigma\sqrt{n} \\ W_Y &= \sum_1^n \Delta Y \leqslant 3\sigma\sqrt{n} \\ W_Z &= \sum_1^n \Delta Z \leqslant 3\sigma\sqrt{n} \end{aligned}\right\} \quad (15)$$

式中：W_X, W_Y, W_Z——各坐标差分量的闭合差；

σ——相应等级规定的精度（按平均边长计算）；

n——闭合环的边数。

4.4.5 平差计算

二、三、四等和一、二、三级平面控制网都应分级进行统一平差或联合整体平差。平差后应进行精度评定。

4.4.6 计算取位

平差计算和数据处理的数字取位应符合表 10 的规定。

表 10 平差计算和数据处理的数字取位

等级	水平角观测方向值及各项改正数(″)	边长观测值及各项改正数(m)	边长与坐标(m)	方位角(″)
二等	0.01	0.0001	0.001	0.01
三、四等	0.1	0.001	0.001	0.1
一、二、三级	1	0.001	0.001	1

5 房产调查

5.1 一般规定

5.1.1 房产调查的内容

房产调查，分房屋用地调查和房屋调查，包括对每个权属单元的位置、权界、权属、数量和利用状况等基本情况，以及地理名称和行政境界的调查。

5.1.2 房产调查表

房产调查应利用已有的地形图、地籍图、航摄像片,以及有关产籍等资料,按附录 A 中的 A1、A2 规定的"房屋调查表"和"房屋用地调查表"以丘和幢为单位逐项实地进行调查。

5.2 房产单元的分类

5.2.1 房屋用地的调查与测绘单元

房屋用地调查与测绘以丘为单元分户进行。

5.2.2 房屋的调查与测绘单元

房屋调查与测绘以幢为单元分户进行。

5.3 丘与丘号

5.3.1 丘的定义

丘是指地表上一块有界空间的地块。一个地块只属于一个产权单元时称独立丘,一个地块属于几个产权单元时称组合丘。

5.3.2 丘的划分

有固定界标的按固定界标划分,没有固定界标的按自然界线划分。

5.3.3 丘的编号

5.3.3.1 丘的编号按市、市辖区(县)、房产区、房产分区、丘五级编号。

5.3.3.2 房产区是以市行政建制区的街道办事处或镇(乡)的行政辖区,或房地产管理划分的区域为基础划定,根据实际情况和需要,可以将房产区再划分为若干个房产分区。

5.3.3.3 丘以房产分区为单元划分。

5.3.3.4 编号方法:市、市辖区(县)的代码采用 GB/T 2260 规定的代码。

房产区和房产分区均以两位自然数字从 01 至 99 依序编列;当未划分房产分区时,相应的房产分区编号用"01"表示。

丘的编号以房产分区为编号区,采用 4 位自然数字从 0 001 至 9 999 编列;以后新增丘接原编号顺序连续编立。

丘的编号格式如下:

市代码＋市辖区(县)代码＋房产区代码＋房产分区代码＋丘号
（2位）　（2位）　　　　（2位）　　　（2位）　　　　（4位）

丘的编号从北至南,从西至东以反 S 形顺序编列。

5.4 幢与幢号

5.4.1 幢的定义

幢是指一座独立的,包括不同结构和不同层次的房屋。

5.4.2 幢号的编立

幢号以丘为单位,自进大门起,从左到右,从前到后,用数字1、2、…顺序按S形编号。幢号注在房屋轮廓线内的左下角,并加括号表示。

5.4.3 房产权号

在他人用地范围内所建的房屋,应在幢号后面加编房产权号,房产权号用标识符A表示。

5.4.4 房屋共有权号

多户共有的房屋,在幢号后面加编共有权号,共有权号用标识符B表示。

5.5 房屋用地调查

5.5.1 房屋用地调查的内容

房屋用地调查的内容包括用地座落、产权性质、等级、税费、用地人、用地单位所有制性质、使用权来源、四至、界标、用地用途分类、用地面积和用地纠纷等基本情况,以及绘制用地范围略图。

5.5.2 房屋用地座落

房屋用地座落是指房屋用地所在街道的名称和门牌号。房屋用地座落在小的里弄、胡同和小巷时,应加注附近主要街道名称;缺门牌号时,应借用毗连房屋门牌号并加注东、南、西、北方位;房屋用地座落在两个以上街道或有两个以上门牌号时,应全部注明。

5.5.3 房屋用地的产权性质

房屋用地的产权性质按国有、集体两类填写。集体所有的还应注明土地所有单位的全称。

5.5.4 房屋用地的等级

房屋用地的等级按照当地有关部门制定的土地等级标准执行。

5.5.5 房屋用地的税费

房屋用地的税费是指房屋用地的使用人每年向相关部门缴纳的费用,以年度缴纳金额为准。

5.5.6 房屋用地的使用权主

房屋用地的使用权主是指房屋用地的产权主的姓名或单位名称。

5.5.7 房屋用地的使用人

房屋用地的使用人是指房屋用地的使用人的姓名或单位名称。

5.5.8 用地来源

房屋用地来源是指取得土地使用权的时间和方式,如转让、出让、征用、划拨等。

5.5.9 用地四至

用地四至是指用地范围与四邻接壤的情况,一般按东、南、西、北方向注明邻接丘号或街道名称。

5.5.10 用地范围的界标

用地范围的界标是指用地界线上的各种标志,包括道路、河流等自然界线;房屋墙体、围墙、栅栏等围护物体,以及界碑、界桩等埋石标志。

5.5.11 用地用途分类

用地用途分类按附录 A 中的 A3 执行。

5.5.12 用地略图

用地略图是以用地单元为单位绘制的略图,表示房屋用地位置、四至关系、用地界线、共用院落的界线,以及界标类别和归属,并注记房屋用地界线边长。

房屋用地界线是指房屋用地范围的界线。包括共用院落的界线,由产权人(用地人)指界与邻户认证来确定。提供不出证据或有争议的应根据实际使用范围标出争议部位,按未定界处理。

5.6 房屋调查

5.6.1 房屋调查的内容

房屋调查内容包括房屋座落、产权人、产别、层数、所在层次、建筑结构、建成年份、用途、墙体归属、权源、产权纠纷和他项权利等基本情况,以及绘制房屋权界线示意图。

5.6.2 房屋的座落

房屋的座落按5.5.2要求调查。

5.6.3 房屋产权人

5.6.3.1 私人所有的房屋,一般按照产权证件上的姓名。产权人已死亡的,应注明代理人的姓名;产权是共有的,应注明全体共有人姓名。

5.6.3.2 单位所有的房屋,应注明单位的全称。两个以上单位共有的,应注明全体共有单位名称。

5.6.3.3 房地产管理部门直接管理的房屋,包括公产、代管产、托管产、拨用产等四种产别。公产应注明房地产管理部门的全称。代管产应注明代管及原产权人姓名。托管产应注明托管及委托人的姓名或单位名称。拨用产应注明房地产管理部门的全称及拨借单位名称。

5.6.4　房屋产别

房屋产别是指根据产权占有不同而划分的类别。按两级分类调记,具体分类标准按附录 A 中的 A4 执行。

5.6.5　房屋产权来源

房屋产权来源是指产权人取得房屋产权的时间和方式,如继承、分析、买受、受赠、交换、自建、翻建、征用、收购、调拨、价拨、拨用等。

产权来源有两种以上的,应全部注明。

5.6.6　房屋总层数与所在层次

5.6.6.1　房屋层数是指房屋的自然层数,一般按室内地坪±0以上计算;采光窗在室外地坪以上的半地下室,其室内层高在 2.20 m 以上的,计算自然层数。房屋总层数为房屋地上层数与地下层数之和。

假层、附层(夹层)、插层、阁楼(暗楼)、装饰性塔楼,以及突出屋面的楼梯间、水箱间不计层数。

5.6.6.2　所在层次是指本权属单元的房屋在该幢楼房中的第几层。地下层次以负数表示。

5.6.7　房屋建筑结构

房屋建筑结构是指根据房屋的梁、柱、墙等主要承重构件的建筑材料划分类别,具体分类标准按附录 A 中的 A5 执行。

5.6.8　房屋建成年份

房屋建成年份是指房屋实际竣工年份。拆除翻建的,应以翻建竣工年份为准。

一幢房屋有两种以上建成年份,应分别注明。

5.6.9　房屋用途

房屋用途是指房屋的实际用途。具体分类标准按附录 A 中的 A6 执行。

一幢房屋有两种以上用途,应分别调查注明。

5.6.10　房屋墙体归属

房屋墙体归属是房屋四面墙体所有权的归属,分别注明自有墙、共有墙和借墙等三类。

5.6.11　房屋产权的附加说明

在调查中对产权不清或有争议的,以及设有典当权、抵押权等他项权利的,应作出记录。

5.6.12　房屋权界线示意图

房屋权界线示意图是以权属单元为单位绘制的略图,表示房屋及其相关位置、权界线、共有共用房屋权界线,以及与邻户相连墙体的归属,并注记房屋边长。对有争议的权界线应标注部位。

房屋权界线是指房屋权属范围的界线,包括共有共用房屋的权界线,以产权人的指界与邻户认证来确定,对有争议的权界线,应作相应记录。

5.7 行政境界与地理名称调查

5.7.1 行政境界调查

行政境界调查,应依照各级人民政府规定的行政境界位置,调查区、县和镇以上的行政区划范围,并标绘在图上。街道或乡的行政区划,可根据需要调绘。

5.7.2 地理名称调查

5.7.2.1 地理名称调查(以下简称地名调查)包括居民点、道路、河流、广场等自然名称。

5.7.2.2 自然名称应根据各地人民政府地名管理机构公布的标准名或公安机关编定的地名进行。凡在测区范围内的所有地名及重要的名胜古迹,均应调查。

5.7.3 行政机构名称调注

行政机构名称只对镇以上行政机构进行调查。

5.7.4 企事业单位名称的调注

应调查实际使用该房屋及其用地的企事业单位的全称。

6 房产要素测量

6.1 房产要素测量的主要内容

6.1.1 界址测量

6.1.1.1 界址点的编号,以高斯投影的一个整公里格网为编号区,每个编号区的代码以该公里格网西南角的横纵坐标公里值表示。点的编号在一个编号区内从1~99 999连续顺编。点的完整编号由编号区代码、点的类别代码、点号三部分组成,编号形式如下:

编号区代码	类别代码	点的编号
(9位)	(1位)	(5位)
＊＊＊＊＊＊＊＊＊	＊	＊＊＊＊＊

编号区代码由9位数组成,第1、第2位数为高斯坐标投影带的带号或代号,第3位数为横坐标的百公里数,第4、第5位数为纵坐标的千公里和百公里数,第6、第7位和第8、第9位数分别为横坐标和纵坐标的十公里和整公里数。

类别代码用1位数表示,其中:3表示界址点。

点的编号用5位数表示,从1~99 999连续顺编。

6.1.1.2 界址点测量从邻近基本控制点或高级界址点起算,以极坐标法、支导线法或正交法等野外解析法测定,也可在全野外数据采集时和其他房地产要素同时测定。

6.1.1.3 丘界线测量,需要测定丘界线边长时,用预检过的钢尺丈量其边长,丘界线丈量精度应符合本规范规定,也可由相邻界址点的解析坐标计算丘界线长度。对不规则的弧形丘界线,可按折线分段丈量。测量结果应标示在分丘图上。供计算丘面积及复丈检测之依据。

6.1.1.4 界标地物测量,应根据设立的界标类别、权属界址位置(内、中、外)选用各种测量方法测定,其测量精度应符合本规范规定,测量结果应标示在分丘图上。

界标与邻近较永久性的地物宜进行联测。

6.1.2 境界测量

行政境界测量,包括国界线以及国内各级行政区划界。测绘国界时,应根据边界条约或有关边界的正式文件精确测定,国界线上的界桩点应按坐标值展绘,注出编号,并尽量注出高程。国内各级行政区划界应根据勘界协议、有关文件准确测绘,各级行政区划界上的界桩、界碑按其坐标值展绘。

6.1.3 房屋及其附属设施测量

6.1.3.1 房屋应逐幢测绘,不同产别、不同建筑结构、不同层数的房屋应分别测量,独立成幢房屋,以房屋四面墙体外侧为界测量;毗连房屋四面墙体,在房屋所有人指界下,区分自有、共有或借墙,以墙体所有权范围为界测量。每幢房屋除按本规范要求的精度测定其平面位置外,应分幢分户丈量作图。丈量房屋以勒脚以上墙角为准;测绘房屋以外墙水平投影为准。

6.1.3.2 房屋附属设施测量,柱廊以柱外围为准;檐廊以外轮廓投影、架空通廊以外轮廓水平投影为准;门廊以柱或围护物外围为准,独立柱的门廊以顶盖投影为准;挑廊以外轮廓投影为准。阳台以底板投影为准;门墩以墩外围为准;门顶以顶盖投影为准;室外楼梯和台阶以外围水平投影为准。

6.1.3.3 房角点测量,指对建筑物角点测量,其点的编号方法除点的类别代码外,其余均与界址点相同,房角点的类别代码为4。

房角点测量不要求在墙角上都设置标志,可以房屋外墙勒脚以上(100±20)cm处墙角为测点,房角点测量一般采用极坐标法、正交法测量。对正规的矩形建筑物,可直接测定三个房角点坐标,另一个房角点的坐标可通过计算求出。

6.1.3.4 其他建筑物,构筑物测量是指不属于房屋,不计算房屋建筑面积的独立地物以及工矿专用或公用的贮水池、油库、地下人防干支线等。

独立地物的测量,应根据地物的几何图形测定其定位点。亭以柱外围为准;塔、烟囱、罐以底部外围轮廓为准;水井以中心为准。构筑物按需要测量。

共有部位测量前,须对共有部位认定,认定时可参照购房协议、房屋买卖合同中设定的共有部位,经实地调查后予以确认。

6.1.4　陆地交通、水域测量

6.1.4.1　陆地交通测量是指铁路、道路桥梁测量。铁路以轨距外缘为准;道路以路缘为准;桥梁以桥头和桥身外围为准测量。

6.1.4.2　水域测量是指河流、湖泊、水库、沟渠、水塘测量。河流、湖泊、水库等水域以岸边线为准;沟渠、池塘以坡顶为准测量。

6.1.5　其他相关地物测量

其他相关地物是指天桥、站台、阶梯路、游泳池、消火栓、检阅台、碑以及地下构筑物等。

消火栓、碑不测其外围轮廓,以符号中心定位。天桥、阶梯路均依比例绘出,取其水平投影位置。站台、游泳池均依边线测绘,内加简注。地下铁道、过街地道等不测出其地下物的位置,只表示出入口位置。

6.2　野外解析法测量

6.2.1　极坐标法测量

6.2.1.1　采用极坐标法时,由平面控制点或自由设站的测量站点,通过测量方向和距离,来测定目标点的位置。

6.2.1.2　界址点的坐标一般应有两个不同测站点测定的结果,取两成果的中数作为该点的最后结果。

6.2.1.3　对间距很短的相邻界址点应由同一条线路的控制点进行测量。

6.2.1.4　可增设辅助房产控制点,补充现有控制点的不足;辅助房产控制点参照三级房产平面控制点的有关规定执行,但可以不埋设永久性的固定标志。

6.2.1.5　极坐标法测量可用全站型电子速测仪,也可用经纬仪配以光电测距仪或其他符合精度要求的测量设备。

6.2.2　正交法测量

正交法又称直角坐标法,它是借助测线和短边支距测定目标点的方法。

正交法使用钢尺丈量距离配以直角棱镜作用。支距长度不得超过 50 m。

正交法测量使用的钢尺须经检定合格。

6.2.3　线交会法测量

线交会法又称距离交会法,它是借助控制点、界址点和房角点的解析坐标值,按三边测量定出测站点坐标,以测定目标点的方法。

6.3 航空摄影测量

利用航空摄影测量方法测绘1∶500、1∶1 000房产分幅平面图,可采用精密立体测图仪、解析测图仪、精密立体坐标量测仪机助测图和数字测图方法。

6.3.1 对航摄资料的基本要求

按GB 6962执行。

6.3.2 像片控制点测量

6.3.2.1 像片控制点分为平面控制点、高程控制点和平高控制点。

6.3.2.2 像片控制点的起算点为基本控制点。

6.3.2.3 平面控制点和平高控制点相对邻近基本控制点的点位中误差不超过图上±0.1 mm。高程控制点和平高控制点相对邻近高程控制点的高程中误差不超过±0.1 mm。

6.3.2.4 像片控制点可以采用全野外布点法或解析空中三角测量区域平差布点法。

6.3.2.5 像片控制点的平面坐标,一般采用三角网、三边网、测距导线和GPS静态相对定位测量等方法测定。用GPS静态相对定位方法测定时,GPS观测应使用优于10 mm+3 ppm标称精度的接收机进行。

6.3.2.6 位于高层建筑物上的像片控制点,允许用GPS方法测定平面位置的同时,同步测定拟合计算平高控制点的高程。

6.3.2.7 内业加密点分为平面加密点、高程加密点和平高加密点。

6.3.2.8 内业加密控制点对邻近野外控制点的平面点位中误差和高程中误差不超过表11的规定。

表11 加密点平面和高程中误差　　　　　　　　单位:m

比例尺	加密点平面中误差 (平地、丘陵地)	加密点高程中误差 (平地、丘陵地)
1∶1 000	0.35	0.5
1∶500	0.18	0.5

界址点和房角点如采用航测法内业加密测量时,其精度分别应符合3.2.4和3.2.5的要求。

6.3.2.9 选用的区域网平差计算程序应能对像点坐标分别进行系统误差的改正,相对定向限差不超过表12的规定;模型连接较差不超过表13的规定。

表 12　相对定向限差　　　　　　　　　　　　　　　　单位:mm

仪器＼项目	标准点残余上下视差	检查点残余上下视差
精密坐标量测仪	±0.02	±0.03
解析测图仪联机空三加密	±0.005	±0.008

表 13　模型连接较差　　　　　　　　　　　　　　　　单位:m

仪器＼项目	平面位置较差 Δl	高程较差 Δz
精密坐标量测仪	$\Delta l \leqslant 0.08 \cdot m_t \cdot 10^{-3}$	$\Delta z \leqslant 0.05 m_t f_k 10^{-3}/b$
解析测图仪联机空三加密	$\Delta l \leqslant 0.06 \cdot m_t \cdot 10^{-3}$	$\Delta z \leqslant 0.04 m_t f_k 10^{-3}/b$

表中:Δl——平面位置较差,m;

　　　Δz——高程较差,m;

　　　m_t——像片比例尺分母;

　　　f_k——航摄仪焦距,mm;

　　　b——像片基线长度,mm。

6.3.2.10　绝对定向后基本定向点残差、多余控制点不符值及区域网间公共点较差不超过表 14 的规定。

表 14　绝对定向限差　　　　　　　　　　　　　　　　单位:m

比例尺	基本定向点残差		多余控制点不符值		区域网间公共点较差	
	平面	高程	平面	高程	平面	高程
1∶1 000	0.26	0.38	0.44	0.6	0.70	1.0
1∶500	0.14	0.38	0.22	0.6	0.36	1.0
中误差倍数	0.75 倍		1.25 倍		2.0 倍	

6.3.2.11　加密点中误差以全区或单个区域为单位按式(16)、式(17)进行估算:

$$m_q = \pm\sqrt{\frac{[\Delta\Delta]}{n}} \tag{16}$$

$$m_g = \pm\sqrt{\frac{[dd]}{3n}} \tag{17}$$

式中:m_q——控制点中误差,m;

　　　m_g——公共点中误差,m;

　　　Δ——多余野外控制点不符值,m;

　　　d——相邻航线或相邻区域网之间公共点较差,m;

n——评定精度点数。

6.3.3 像片调绘与调绘志

6.3.3.1 用航空摄影测量方法测绘房产图,一般采用全野外像片调绘和立体测图仪测绘的方法。当采用立体测绘仪测绘时,可以在室内用精密立体测绘仪或解析测图仪进行地物要素的测绘,然后用所测绘的原图到外业进行地物要素的补调或补测。要求判读准确,描绘清楚,图式符号运用恰当,各种注记正确无误。

6.3.3.2 调绘像片和航测原图上各种要素应分红、绿、黑三色表示。其中房产要素、房产编号和说明用红色,水系用绿色,其他用黑色。

6.3.3.3 像片上无影像、影像模糊和被影像或阴影遮盖的地物,应在调绘期间进行补调或补测。

6.3.3.4 外业直接在像片上表示某些要素有一定困难,可采用"调绘志"方法,即在调绘片上蒙附等大的聚酯薄膜,划出调绘面积与像片上准确套合,作业中着重对界址、权属界线、阴影、屋檐改正等有关情况及数字,记录在上面,表述有关地物的形状、尺寸及其相关位置或某些说明资料,为内业提供应用。

6.3.4 外业补测

对像片上无影像的地物,影像模糊的地物,被阴影或树木影像覆盖的地物,作业期间应进行补调或补测。补调可采用以明显地物点为起点的交会法或截距法,在像片上或调绘志上标明与明显地物点的相关距离2～3处,取位至0.01 m;补测或补调难度较大且影响精度时采用平板仪作业。对航摄后拆除的地物,则应在像片相应位置用红色划去,成片的应标出范围并加文字说明。

6.3.5 屋檐宽度测量与屋檐改正

当屋檐宽度大于图上0.2 mm时,应在像片或采集原图上相应位置注明实量的宽度,丈量取位至0.01 m。内业立体测图或图形编辑时应根据实量长度对屋檐进行改正。

6.3.6 数据采集

6.3.6.1 利用航空摄影像片,在解析测图仪或数字化扫描仪上采用航测数字测图的原理和方法获得数字图,以满足房产管理的需要。

6.3.6.2 数据采集可以选用各类解析测图仪或精密立体测图仪与图形工作站联机作业。

6.3.6.3 解析测图仪内定向的框标坐标量测误差不超过±0.005 mm,个别不得超过±0.008 mm,绝对定向的平面坐标误差不超过图上±0.3 mm,个别不得超过±0.4 mm;高程定向误差不超过加密点的高程中误差;绘图桌定向的平面误差不超过图上±0.3 mm。定向残差要配赋至最小,且配赋合理。

6.3.6.4 建立统一的符号库和控制点文件库。

6.3.6.5 相邻图幅图形文件必须严格接边。

6.3.6.6 数据量测主要是规定量测模型的比例尺、数据量测间距、量测元素的颜色等;量测有方向性的线状地物符号应用符号部分落在量测方向的左侧;图像轮廓明显清晰的房屋、围护物等地物,按图式要求用测标中心切准地物外轮廓和定位点、定位线,不得遗漏、变形、移位。

6.3.6.7 房产数字图的数据采集成果应进行检核,在保证数据采集成果无误的基础上才能进行数据处理与图形编辑。

6.3.7 数据处理与图形编辑

数据处理包括数据的检查和更新、数据的选取和运算、图形的变换和表示等。图形编辑包括按有关技术规定建立符号库、规定图形要素的层次及颜色、数字注记和文字注记应符合 GB/T 17986.2 的规定。

6.3.8 根据要求的文件格式建立数据文件与图形文件。

6.4 全野外数据采集

6.4.1 全野外数据采集的主要内容

全野外数据采集系指利用电子速测仪和电子记簿或便携式计算机所组成的野外数据采集系统,记录的数据可以直接传输至计算机,通过人机交互处理生成图形数据文件,可自动绘制房地产图。

6.4.2 主要技术指标与技术要求

6.4.2.1 每个测站应输入测站点点号和测站点坐标、仪器号、指标差、视准轴误差、观测日期、仪器高等参数。

6.4.2.2 仪器对中偏差不超过±3 mm;仪器高、觇点高取至厘米;加、乘常数改正不超过 1 cm 时可不进行改正。

6.4.2.3 以较远点定向,以另一已知点作检核,检核较差不得超过±0.1 m,数据采集结束后,应对起始方向进行检查。

6.4.2.4 观测时,水平角和垂直角读至 1′,测距读到 1 mm,最大距离一般不超过 200 m,施测困难地区可适当放宽,但距离超过 100 m 时,水平角读至 0.1′。

6.4.2.5 观测棱镜时,棱镜气泡应居中,如棱镜中心不能直接安置于目标点的中心时,应作棱镜偏心改正。

6.4.2.6 野外作业过程中应绘制测量草图,草图上的点号和输入记录的点号应一一对应。

6.4.3 作业代码

野外作业时可以使用自编的房地产要素代码,代码应以有利于对数据的编辑处理,且易为观测人员记忆和减少野外作业的工作量。

6.4.4 数据采集的软件

每日施测前,应对数据采集软件进行测试;当日工作结束以后,应检查录入数据是否齐全和正确。

6.4.5 图形编辑

将外业采集的图形数据在计算机屏幕上进行编辑修改和检查,形成图形文件。

生成绘图文件,通过数控绘图仪可自动绘制房地产图。

6.4.6 测绘精度

全野外数据的采集精度应符合 3.2.3,3.2.4,3.2.5 的要求。

6.5 测量草图

6.5.1 测量草图的作用

测量草图是地块、建筑物、位置关系和房地调查的实地记录。是展绘地块界址、房屋、计算面积和填写房产登记表的原始依据。在进行房地产测量时应根据项目的内容用铅笔绘制测量草图。

测量草图包括房屋用地测量草图和房屋测量草图。

6.5.2 房屋用地测量草图的内容

a) 平面控制网点及点号。

b) 界址点、房角点相应的数据。

c) 墙体的归属。

d) 房屋产别、房屋建筑结构、房屋层数。

e) 房屋用地用途类别。

f) 丘(地)号。

g) 道路及水域。

h) 有关地理名称,门牌号。

i) 观测手簿中所有未记录的测定参数。

j) 测量草图符号的必要说明。

k) 指北方向线。

l) 测量日期,作业员签名。

6.5.3 房屋测量草图内容及要求

a) 房屋测量草图均按概略比例尺分层绘制。

b) 房屋外墙及分隔墙均绘单实线。

c) 图纸上应注明房产区号、房产分区号、丘(地)号、幢号、层次及房屋座落,并加绘指北方向线。

d) 住宅楼单元号、室号、注记实际开门处。

e) 逐间实量、注记室内净空边长(以内墙面为准)、墙体厚度,数字取至厘米。

f) 室内墙体凸凹部位在 0.1 m 以上者如柱垛、烟道、垃圾道、通风道等均应表示。

g) 凡有固定设备的附属用房如厨房、厕所、卫生间、电梯楼梯等均须实量边长,并加必要的注记。

h) 遇有地下室、复式房、夹层、假层等应另绘草图。

i) 房屋外廊的全长与室内分段丈量之和(含墙身厚度)的较差在限差内时,应以房屋外廊数据为准,分段丈量的数据按比例配赋。超差须进行复量。

6.5.4 测量草图的图纸规格

草图用纸可用 787 mm×1 092 mm 的 1/8、1/16、1/32 规格的图纸。

6.5.5 测量草图的比例尺

测量草图选择合适的概略比例尺,使其内容清晰易读。在内容较集中的地方可绘制局部图。

6.5.6 测量草图的绘制要求

测量草图应在实地绘制,测量的原始数据不得涂改擦拭。汉字字头一律向北、数字字头向北或向西。

6.5.7 测量草图图式

测量草图的图式符号参照 GB/T 17986.2 执行。

7 房产图绘制

房产图是房产产权、产籍管理的重要资料。按房产管理的需要可分为房产分幅平面图(以下简称分幅图)、房产分丘平面图(以下简称分丘图)和房屋分户平面图(以下简称分户图)。

7.1 房产分幅图

分幅图是全面反映房屋及其用地的位置和权属等状况的基本图。是测绘分丘图和分户图的基础资料。

7.1.1 分幅图的测绘范围

分幅图的测绘范围包括城市、县城、建制镇的建成区和建成区以外的工矿企事业等单位及其毗连居民点。

7.1.2 分幅图的规格

7.1.2.1 分幅图采用 50 cm×50 cm 正方形分幅。

7.1.2.2 建筑物密集区的分幅图一般采用1∶500比例尺,其他区域的分幅图可以采用1∶1 000比例尺。

7.1.2.3 分幅图的图纸采用厚度为0.07～0.1 mm经定型处理、变形率小于0.02%的聚酯薄膜。

7.1.2.4 分幅图的颜色一般采用单色。

7.1.3 分幅图绘制的技术要求

7.1.3.1 展绘图廓线、方格网和控制点,各项误差不超过表15的规定。

表15 图廓线、方格网、控制点的展绘限差   单位:mm

仪　　器	方格网长度与理论长度之差	图廓对角线长度与理论长度之差	控制点间图上长度与坐标反算长度之差
仪器展点	0.15	0.2	0.2
格网尺展点	0.2	0.3	0.3

7.1.3.2 房地产要素的点位精度按3.2.3的规定执行。

7.1.3.3 图幅的接边误差不超过地物点点位中误差的$2\sqrt{2}$倍,并应保持相关位置的正确和避免局部变形。

7.1.4 分幅图应表示的基本内容

分幅图应表示控制点、行政境界、丘界、房屋、房屋附属设施和房屋围护物,以及与房地产有关的地籍地形要素和注记。

7.1.5 分幅图的编号

分幅图编号以高斯—克吕格坐标的整公里格网为编号区,由编号区代码加分幅图代码组成(见图1),编号区的代码以该公里格网西南角的横纵坐标公里值表示。

编号形式如下:

分幅图的编号: 编号区代码   分幅图代码
完整编号: ＊＊＊＊＊＊＊＊＊   ＊＊
                  (9位)   (2位)

简略编号: ＊＊＊＊   ＊＊
                  (4位)   (2位)

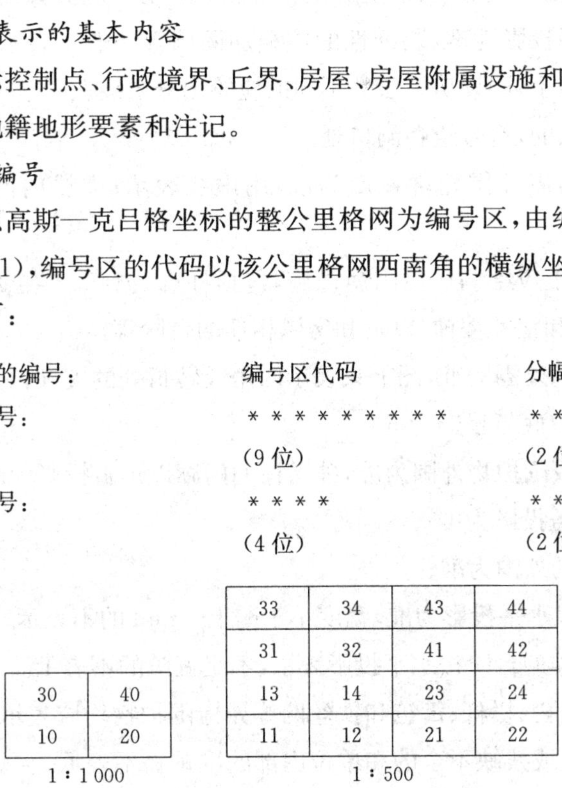

		33	34	43	44
		31	32	41	42
30	40	13	14	23	24
10	20	11	12	21	22

1∶1 000　　　　　　1∶500

图1 分幅图分幅和代码

编号区代码由9位数组成,代码含义如下:

第1、第2位数为高斯坐标投影带的带号或代码,第3位数为横坐标的百公里数,第4、第5位数为纵坐标的千公里和百公里数,第6、第7位和第8、第9位分别为横坐标和纵坐标的十公里和整公里数。

分幅图比例尺代码由2位数组成,按图1规定执行。

在分幅图上标注分幅图编号时可采用简略编号,简略编号略去编号区代码中的百公里和百公里以前的数值。

7.1.6 分幅图绘制中各要素的取舍与表示办法

7.1.6.1 行政境界一般只表示区、县和镇的境界线,街道办事处或乡的境界根据需要表示,境界线重合时,用高一级境界线表示,境界线与丘界线重合时,用丘界线表示,境界线跨越图幅时,应在内外图廓间的界端注出行政区划名称。

7.1.6.2 丘界线表示方法。明确无争议的丘界线用丘界线表示,有争议或无明显界线又提不出凭证的丘界线用未定丘界线表示。丘界线与房屋轮廓线或单线地物线重合时用丘界线表示。

7.1.6.3 房屋包括一般房屋、架空房屋和窑洞等。房屋应分幢测绘,以外墙勒脚以上外围轮廓的水平投影为准,装饰性的柱和加固墙等一般不表示;临时性的过渡房屋及活动房屋不表示;同幢房屋层数不同的应绘出分层线。

窑洞只绘住人的,符号绘在洞口处。

架空房屋以房屋外围轮廓投影为准,用虚线表示;虚线内四角加绘小圈表示支柱。

7.1.6.4 分幅图上应绘制房屋附属设施,包括柱廊、檐廊、架空通廊、底层阳台、门廊、门楼、门、门墩和室外楼梯,以及和房屋相连的台阶等。

a) 柱廊以柱的外围为准,图上只表示四角或转折处的支柱;

b) 底层阳台以底板投影为准;

c) 门廊以柱或围护物外围为准,独立柱的门廊以顶盖投影为准;

d) 门顶以顶盖投影为准;

e) 门墩以墩的外围为准;

f) 室外楼梯以水平投影为准,宽度小于图上1mm的不表示;

g) 与房屋相连的台阶按水平投影表示,不足五阶的不表示。

7.1.6.5 围墙、栅栏、栏杆、篱笆和铁丝网等界标围护物均应表示,其他围护物根据需要表示。临时性或残缺不全的和单位内部的围护物不表示。

7.1.6.6 分幅图上应表示的房地产要素和房产编号包括丘号、房产区号、房产分区号、丘支号、幢号、房产权号、门牌号、房屋产别、结构、层数、房屋用途和用地分类等，根据调查资料以相应的数字、文字和符号表示。当注记过密容纳不下时，除丘号、丘支号、幢号和房产权号必须注记，门牌号可首末两端注记、中间跳号注记外，其他注记按上述顺序从后往前省略。

7.1.6.7 与房产管理有关的地形要素包括铁路、道路、桥梁、水系和城墙等地物均应表示。亭、塔、烟囱以及水井、停车场、球场、花圃、草地等可根据需要表示。

    a）铁路以两轨外缘为准；道路以路缘为准；桥梁以外围投影为准；城墙以基部为准；沟、渠、水塘、游泳池等以坡顶为准；其中水塘、游泳池等应加简注。

    b）亭以柱的外围为准；塔、烟囱和罐以底部外围轮廓为准；水井以井的中心为准；停车场、球场、花圃、草地等以地类界线表示；并加注相应符号或加简注。

7.1.7 地理名称注记

7.1.7.1 地名的总名与分名应用不同的字级分别注记。

7.1.7.2 同一地名被线状地物和图廓分割或者不能概括大面积和延伸较长的地域、地物时，应分别调注。

7.1.7.3 单位名称只注记区、县级以上和使用面积大于图上 100 cm^2 的单位。

7.1.8 图边处理与图面检查

7.1.8.1 接边差不得大于本规范规定的界址点、地物点点位中误差的 $2\sqrt{2}$ 倍，并应保证房屋轮廓线、丘界线和主要地物的相互位置及走向的正确性。

7.1.8.2 自由图边在测绘过程中应加强检查，确保无误。

7.1.9 图廓整饰

7.1.9.1 分幅图图幅编号按 7.1.5 规定执行。

7.1.9.2 分幅图、分丘图上每隔 10 cm 展绘坐标网点，图廓线上坐标网线向内侧绘 5.0 mm 短线，图内绘 10.0 mm 的十字坐标线。

7.1.9.3 分幅图上一般不注图名，如注图名时图廓左上角应加绘图名结合表。

7.1.9.4 采用航测法成图时，图廓左下角应加注航摄时间和调绘时间。

7.2 房产分丘图的绘制

分丘图是分幅图的局部图，是绘制房屋产权证附图的基本图。

7.2.1 分丘图的规格

7.2.1.1 分丘图的幅面可在 787 mm×1 092 mm 的 1/32～1/4 之间选用。

7.2.1.2 分丘图的比例尺，根据丘面积的大小，可在 1∶100～1∶1 000 之间选用。

7.2.1.3 分丘图的图纸一般采用聚酯薄膜，也可选用其他材料。

7.2.2 分丘图的技术要求

7.2.2.1 展绘图廓线，方格网和控制点的各项误差不超过 7.1.3.1 中的规定。

7.2.2.2 分丘图的坐标系统与分幅图的坐标系统应一致。

7.2.3 分丘图上应表示的内容

分丘图上除表示分幅图的内容外,还应表示房屋权界线、界址点点号、窑洞使用范围,挑廊、阳台、建成年份、用地面积、建筑面积、墙体归属和四至关系等各项房地产要素。

7.2.4 分丘图上周邻关系的描述

分丘图上,应分别注明所有周邻产权所有单位(或人)的名称,分丘图上各种注记的字头应朝北或朝西。

7.2.5 毗邻墙体的表示与测量

测量本丘与邻丘毗连墙体时,共有墙以墙体中间为界,量至墙体厚度的1/2处;借墙量至墙体的内侧;自有墙量至墙体外侧并用相应符号表示。

7.2.6 重合要素的表示与处理

房屋权界线与丘界线重合时,表示丘界线,房屋轮廓线与房屋权界线重合时,表示房屋权界线。

7.2.7 图面检查与图廓整饰

分丘图的图廓位置,根据该丘所在位置确定,图上需要注出西南角的坐标值,以公里数为单位注记至小数后三位。

7.3 房产分户图的绘制

7.3.1 分户图的主要用途

分户图是在分丘图基础上绘制的细部图,以一户产权人为单位,表示房屋权属范围的细部图,以明确异产毗连房屋的权利界线供核发房屋所有权证的附图使用。

7.3.2 分户图的技术要求

7.3.2.1 分户图的方位应使房屋的主要边线与图框边线平行,按房屋的方向横放或竖放,并在适当位置加绘指北方向符号。

7.3.2.2 分户图的幅面可选用 787 mm×1 092 mm 的 1/32 或 1/16 等尺寸。

7.3.2.3 分户图的比例尺一般为 1:200,当房屋图形过大或过小时,比例尺可适当放大或缩小。

7.3.2.4 分户图上房屋的丘号、幢号,应与分丘图上的编号一致。房屋边长应实际丈量,注记取至 0.01 m,注在图上相应位置。

7.3.3 分户图应表示的主要内容

分户图表示的主要内容包括房屋权界线、四面墙体的归属和楼梯、走道等部位以及门牌号、所在层次、户号、室号、房屋建筑面积和房屋边长等。

7.3.4 分户图上的文字注记

7.3.4.1 房屋产权面积包括套内建筑面积和共有分摊面积,标注在分户图框内。

7.3.4.2 本户所在的丘号、户号、幢号、结构、层数、层次标注在分户图框内。

7.3.4.3 楼梯、走道等共有部位,需在范围内加简注。

7.3.5 墙体归属与周邻关系的表述

房屋权界线,包括墙体、归属的表示按GB/T 17986.2执行。

7.3.6 图面整饰

图面整饰按GB/T 17986.2执行,文字注记应相对集中。

7.4 房产图的绘制方法

7.4.1 全野外采集数据成图

利用全站仪或经纬仪测距仪、电子平板、电子记簿等设备在野外采集的数据,通过计算机屏幕编辑,生成图形数据文件,经检查修改,准确无误后,可通过绘图仪绘出所需成图比例尺的房产图。

7.4.2 航摄像片采集数据成图

将各种航测仪器量测的测图数据,通过计算机处理生成图形数据文件;在屏幕上对照调绘片进行检查修改。对影像模糊的地物,被阴影和树林遮盖的地物及摄影后新增的地物应到实地检查补测。待准确无误后,可通过绘图仪按所需成图比例尺绘出规定规格的房产图。

7.4.3 野外解析测量数据成图

利用正交法、交会法等采集的测图数据通过计算机处理,编辑成图形文件。在视屏幕上,对照野外记录草图检查修改,准确无误后,可通过绘图仪,绘出所需规格的房产图,或计算出坐标,展绘出所需规格的房产图。

7.4.4 平板仪测绘房产图

平板仪测绘是指大平板仪(或小平板仪)配合皮尺量距测绘。

7.4.4.1 测站点点位精度相对于邻近控制点的点位中误差不超过图上±0.3 mm。

7.4.4.2 当现有控制不能满足平板测图控制时,可布设图根控制。图根控制点相对于起算点的点位中误差不超过图上±0.1 mm。

7.4.4.3 采用图解交会法测定测站点时,前、侧方交会不得少于三个方向,交会角不得小于30°或大于150°,前、侧方交会的示误三角形内切圆直径应小于图上0.4 mm。

7.4.4.4 平板仪对中偏差不超过图上0.5 mm。

7.4.4.5 平板仪测图时,测图板的定向线长度不小于图上6 cm,并用另一点进行检校,检校偏差不超过图上 0.3 mm。

7.4.4.6 地物点测定,其距离一般实量。使用皮尺丈量时,最大长度 1∶500 测图不超过 50 m,1∶1 000 测图不超过 75 m,采用测距仪时,可放长。

7.4.4.7 采用交会法测定地物点时,前、侧方交会的方向不应少于三个,其长度不超过测板定向距离。

7.4.4.8 原图的清绘整饰根据需要和条件可采用着色法、刻绘法。各项房产要素必须按实测位置或底图位置准确着色(刻绘),其偏移误差不超过图上 0.1 mm。各种注记应正确无误,位置恰当,不压盖重要地物。着色线条应均匀光滑,色浓饱满;刻绘线划应边缘平滑、光洁透亮,线划粗细、符号大小应符合图式规格和复制的要求。

7.4.5 编绘法绘制房产图

房产图根据需要可利用已有地形图和地籍图进行编绘。作为编绘的已有资料,必须符合本规范实测图的精度要求,比例尺应等于或大于绘制图的比例尺。编绘工作可在地形原图复制或地籍原图复制的等精度图(以下简称二底图)上进行,其图廓边长,方格尺寸与理论尺寸之差不超过 7.1.3.1 表中的规定。补测应在二底图上进行,补测后的地物点精度应符合 3.2.3 的规定。

补测工作结束后,将调查成果准确转绘到二底图上,对房产图所需的内容经过清绘整饰,加注房产要素的编码和注记后,编成分幅图底图。底图的清绘整饰要求按 7.4.4.8 规定执行。

8 房产面积测算

8.1 一般规定

8.1.1 房产面积测算的内容

面积测算系指水平面积测算。分为房屋面积和用地面积测算两类,其中房屋面积测算包括房屋建筑面积、共有建筑面积、产权面积、使用面积等测算。

8.1.2 房屋的建筑面积

房屋建筑面积系指房屋外墙(柱)勒脚以上各层的外围水平投影面积,包括阳台、挑廊、地下室、室外楼梯等,且具备有上盖,结构牢固,层高 2.20 m 以上(含 2.20 m)的永久性建筑。

8.1.3 房屋的使用面积

房屋使用面积系指房屋户内全部可供使用的空间面积,按房屋的内墙面水平投影计算。

8.1.4 房屋的产权面积

房屋产权面积系指产权主依法拥有房屋所有权的房屋建筑面积。房屋产权面积由直辖市、市、县房地产行政主管部门登记确权认定。

8.1.5 房屋的共有建筑面积

房屋共有建筑面积系指各产权主共同占有或共同使用的建筑面积。

8.1.6 面积测算的要求

各类面积测算必须独立测算两次,其较差应在规定的限差以内,取中数作为最后结果。

量距应使用经检定合格的卷尺或其他能达到相应精度的仪器和工具。面积以平方米为单位,取 0.01 m²。

8.2 房屋建筑面积测算的有关规定

8.2.1 计算全部建筑面积的范围

a) 永久性结构的单层房屋,按一层计算建筑面积;多层房屋按各层建筑面积的总和计算。

b) 房屋内的夹层、插层、技术层及其梯间、电梯间等其高度在 2.20 m 以上部位计算建筑面积。

c) 穿过房屋的通道,房屋内的门厅、大厅,均按一层计算面积。门厅、大厅内的回廊部分,层高在 2.20 m 以上的,按其水平投影面积计算。

d) 楼梯间、电梯(观光梯)井、提物井、垃圾道、管道井等均按房屋自然层计算面积。

e) 房屋天面上,属永久性建筑,层高在 2.20 m 以上的楼梯间、水箱间、电梯机房及斜面结构屋顶高度在 2.20 m 以上的部位,按其外围水平投影面积计算。

f) 挑楼、全封闭的阳台按其外围水平投影面积计算。

g) 属永久性结构有上盖的室外楼梯,按各层水平投影面积计算。

h) 与房屋相连的有柱走廊,两房屋间有上盖和柱的走廊,均按其柱的外围水平投影面积计算。

i) 房屋间永久性的封闭的架空通廊,按外围水平投影面积计算。

j) 地下室、半地下室及其相应出入口,层高在 2.20 m 以上的,按其外墙(不包括采光井、防潮层及保护墙)外围水平投影面积计算。

k) 有柱或有围护结构的门廊、门斗,按其柱或围护结构的外围水平投影面积计算。

l) 玻璃幕墙等作为房屋外墙的,按其外围水平投影面积计算。

m) 属永久性建筑有柱的车棚、货棚等按柱的外围水平投影面积计算。

n) 依坡地建筑的房屋,利用吊脚做架空层,有围护结构的,按其高度在2.20 m以上部位的外围水平面积计算。

o) 有伸缩缝的房屋,若其与室内相通的,伸缩缝计算建筑面积。

8.2.2 计算一半建筑面积的范围

a) 与房屋相连有上盖无柱的走廊、檐廊,按其围护结构外围水平投影面积的一半计算。

b) 独立柱、单排柱的门廊、车棚、货棚等属永久性建筑的,按其上盖水平投影面积的一半计算。

c) 未封闭的阳台、挑廊,按其围护结构外围水平投影面积的一半计算。

d) 无顶盖的室外楼梯按各层水平投影面积的一半计算。

e) 有顶盖不封闭的永久性的架空通廊,按外围水平投影面积的一半计算。

8.2.3 不计算建筑面积的范围

a) 层高小于2.20 m以下的夹层、插层、技术层和层高小于2.20 m的地下室和半地下室。

b) 突出房屋墙面的构件、配件、装饰柱、装饰性的玻璃幕墙、垛、勒脚、台阶、无柱雨篷等。

c) 房屋之间无上盖的架空通廊。

d) 房屋的天面、挑台、天面上的花园、泳池。

e) 建筑物内的操作平台、上料平台及利用建筑物的空间安置箱、罐的平台。

f) 骑楼、过街楼的底层用作道路街巷通行的部分。

g) 利用引桥、高架路、高架桥、路面作为顶盖建造的房屋。

h) 活动房屋、临时房屋、简易房屋。

i) 独立烟囱、亭、塔、罐、池、地下人防干、支线。

j) 与房屋室内不相通的房屋间伸缩缝。

8.3 用地面积测算

8.3.1 用土地面积测算的范围

用地面积以丘为单位进行测算,包括房屋占地面积、其他用途的土地面积测算,各项地类面积的测算。

8.3.2 下列土地不计入用地面积

a) 无明确使用权属的冷巷、巷道或间隙地。

b) 市政管辖的道路、街道、巷道等公共用地。

c) 公共使用的河涌、水沟、排污沟。

d) 已征用、划拨或者属于原房地产证记载范围,经规划部门核定需要作市政建设的用地。

e) 其他按规定不计入用地的面积。

8.3.3 用地面积测算的方法

用地面积测算可采用坐标解析计算、实地量距计算和图解计算等方法。

8.4 面积测算的方法与精度要求

8.4.1 坐标解析法

a) 根据界址点坐标成果表上数据,按下式计算面积。

$$S = \frac{1}{2}\sum_{i=1}^{n} X_i(Y_{i+1} - Y_{i-1}) \tag{18}$$

或

$$S = \frac{1}{2}\sum_{i=1}^{n} Y_i(X_{i-1} - X_{i+1}) \tag{19}$$

式中:S——面积,m^2;

X_i——界址点的纵坐标,m;

Y_i——界址点的横坐标,m;

n——界址点个数;

i——界址点序号,按顺时针方向顺编。

b) 面积中误差按下式计算。

$$m_s = \pm m_j \sqrt{\frac{1}{8}\sum_{i=1}^{n} D_{i-1,i+1}^2} \tag{20}$$

式中:m_s——面积中误差,m^2;

m_j——相应等级界址点规定的点位中误差,m;

$D_{i-1,i+1}$——多边形中对角线长度,m。

8.4.2 实地量距法

a) 规则图形,可根据实地丈量的边长直接计算面积;不规则图形,将其分割成简单的几何图形,然后分别计算面积。

b) 面积误差按 3.2.6 规定计算,其精度等级的使用范围,由各城市的房地产行政主管部门根据当地的实际情况决定。

8.4.3 图解法

图上量算面积,可选用求积仪法、几何图形法等方法。图上面积测算均应独立进行两次。

两次量算面积较差不得超过下式规定：

$$\Delta S = \pm 0.000\,3M\sqrt{S} \tag{21}$$

式中：ΔS——两次量算面积较差，m^2；

S——所量算面积，m^2；

M——图的比例尺分母。

使用图解法量算面积时，图形面积不应小于 5 cm^2。图上量距应量至 0.2 mm。

9 变更测量

9.1 一般规定

9.1.1 变更测量的分类

变更测量分为现状变更和权属变更测量。

9.1.2 现状变更测量内容

a) 房屋的新建、拆迁、改建、扩建、房屋建筑结构、层数的变化；

b) 房屋的损坏与灭失，包括全部拆除或部分拆除、倒塌和烧毁；

c) 围墙、栅栏、篱笆、铁丝网等围护物以及房屋附属设施的变化；

d) 道路、广场、河流的拓宽、改造，河、湖、沟渠、水塘等边界的变化；

e) 地名、门牌号的更改；

f) 房屋及其用地分类面积增减变化。

9.1.3 权属变更测量内容

a) 房屋买卖、交换、继承、分割、赠与、兼并等引起的权属的转移；

b) 土地使用权界的调整，包括合并、分割、塌没和截弯取直；

c) 征拨、出让、节让土地而引起的土地权属界线的变化；

d) 他项权利范围的变化和注销。

9.1.4 变更测量的程序

变更测量应根据房地产变更资料，先进行房地产要素调查，包括现状、权属和界址调查，再进行分户权界和面积的测定，调整有关的房地产编码，最后进行房地产资料的修正。

9.2 变更测量的方法

9.2.1 变更测量方法的选择

a) 变更测量应根据现有变更资料，确定变更范围，按平面控制点的分布情况，选择测量方法。

b) 房地产的合并和分割,应根据变更登记文件,在当事人或关系人到现场指界下,实地测定变更后的房地产界址和面积。

c) 修测之后,应对现有房产、地籍资料进行修正与处理。

9.2.2 变更测量的基准

a) 变更测量以变更范围内平面控制点和房产界址点作为测量的基准点。所有已修测过的地物点不得作为变更测量的依据。

b) 变更范围内和邻近的符合精度要求的房角点,也可作为修测的依据。

9.2.3 变更测量的精度要求

a) 变更后的分幅、分丘图图上精度,新补测的界址点的精度都应符合本规范的规定。

b) 房产分割后各户房屋建筑面积之和与原有房屋建筑面积的不符值应在限差以内。

c) 用地分割后各丘面积之和与原丘面积的不符值应在限差以内。

d) 房产合并后的建筑面积,取被合并房屋建筑面积之和;用地合并后的面积,取被合并的各丘面积之和。

9.2.4 变更测量的业务要求

a) 变更测量时,应做到变更有合法依据,对原已登记发证而确认的权界位置和面积等合法数据和附图不得随意更改。

b) 房地产合并或分割,分割应先进行房地产登记,且无禁止分割文件,分割处必须有固定界标;位置毗连且权属相同的房屋及其用地可以合并应先进行房地产登记。

c) 房屋所有权发生变更或转移,其房屋用地也应随之变更或转移。

9.3 房地产编号的变更与处理

9.3.1 丘号

a) 用地的合并与分割都应重新编丘号,新增丘号。按编号区内的最大丘号续编。

b) 组合丘内,新增丘支号按丘内的最大丘支号续编。

9.3.2 界址点、房角点点号

新增的界址点或房角点的点号,分别按编号区内界址点或房角点的最大点号续编。

9.3.3 幢号

房产合并或分割应重新编幢号,原幢号作废,新幢号按丘内最大幢号续编。

10 成果资料的检查与验收

10.1 一般规定

10.1.1 成果检查、验收的制度

房产测量成果实行二级检查一级验收制。一级检查为过程检查,在全面自检、互查的基础上,由作业组的专职或兼职检查人员承担。二级检查由施测单位的质量检查机构和专职检查人员在一级检查的基础上进行。

10.1.2 检查、验收中问题的登记和处理

各级检查验收中发现的问题,必须做好记录并提出处理意见。

10.1.3 检查、验收报告书

10.1.3.1 检查验收工作应在二级检查合格后由房产测绘单位的主管机关实施。二级检查和验收工作完成后应分别写出检查、验收报告。

10.1.3.2 产品成果最终验收工作由任务的委托单位组织实施。验收工作结束后应写出检查报告和验收书。

10.1.4 上交成果资料内容

a) 房产测绘技术设计书。

b) 成果资料索引及说明。

c) 控制测量成果资料。

d) 房屋及房屋用地调查表、界址点坐标成果表。

e) 图形数据成果和房产原图。

f) 技术总结。

g) 检查验收报告。

10.2 检查、验收项目及内容

10.2.1 控制测量

a) 控制测量网的布设和标志埋设是否符合要求。

b) 各种观测记录和计算是否正确。

c) 各类控制点的测定方法、扩展次数及各种限差、成果精度是否符合要求。

d) 起算数据和计算方法是否正确,平差的成果精度是否满足要求。

10.2.2 房产调查

a) 房产要素调查的内容与填写是否齐全、正确。

b) 调查表中的用地略图和房屋权界线示意图上的用地范围线、房屋权界线、房屋四面墙体归属,以及有关说明、符号和房产图上是否一致。

10.2.3 房产要素测量

a) 房产要素测量的测量方法、记录和计算是否正确。

b) 各项限差和成果精度是否符合要求。

c) 测量的要素是否齐全、准确,对有关地物的取舍是否合理。

10.2.4 房产图绘制

a) 房产图的规格尺寸,技术要求,表述内容,图廓整饰等是否符合要求。

b) 房地产要素的表述是否齐全、正确,是否符合要求。

c) 对有关地形要素的取舍是否合理。

d) 图面精度和图边处理是否符合要求。

10.2.5 面积测算

a) 房产面积的计算方法是否正确,精度是否符合要求。

b) 用地面积的测算是否正确,精度是否符合要求。

c) 共有与共用面积的测定和分摊计算是否合理。

10.2.6 变更与修测成果的检查

a) 变更与修测的方法,测量基准、测绘精度等是否符合要求。

b) 变更与修测后房地产要素编号的调整与处理是否正确。

10.3 成果质量的评定

10.3.1 成果质量评定等级

成果质量实行优级品、良级品和合格品三级评定。

10.3.2 成果质量评定标准

10.3.2.1 成果质量由专职或兼职检查验收人员评定。

10.3.2.2 成果质量评定标准,可参照 CH1003 执行。

附 录 A
(标准的附录)
房屋、房屋用地调查表与分类

A1 《房屋调查表》格式示例(见表 A1)

A2 《房屋用地调查表》格式示例(见表 A2)

A3 房屋用地用途分类(见表 A3)

A4 房屋产别分类(见表 A4)

A5 房屋建筑结构分类（见表 A5）

A6 房屋用途分类（见表 A6）

表 A1 房屋调查表

市区名称或代码_____ 房产区号_____ 房产分区号_____ 丘号_____ 序号_____

座落		区(县)		街道(镇)		胡同(街巷)		号		邮政编码	
产权主			住址								
用途							产别			电话	

		幢号	权号	户号	总层数	所在层次	建筑结构	建成年份	占地面积(m²)	使用面积(m²)	建筑面积(m²)	墙体归属				产权来源
房屋状况												东	南	西	北	

房屋权界线示意图	附加说明
	调查意见

调查者：　　年 月 日

表 A2　房屋用地调查表

市区名称或代码号_____　房产区号_____　房产分区号_____　丘号_____　序号_____

座落		区（县）		街道（镇）		胡同（街巷号）		电话		邮政编码	
产权性质			产权主			土地等级			税费		
使用人			住址					所有制性质			
用地来源							用地用途分类				
用地状况	四至	东	南	西	北	界标	东	南	西	北	附加说明
	面积（m²）	合计用地面积		房屋占地面积		院地面积		分摊面积			
	用地略图										

表 A3　房屋用地用途分类表

一级分类		二级分类		含　义
编号	名称	编号	名称	
10	商业金融业用地			指商业服务业、旅游业、金融保险业等用地
		11	商业服务业	指各种商店、公司、修理服务部、生产资料供应站、饭店、旅社、对外经营的食堂、文印誊写社、报刊门市部、蔬菜销转运站等用地
		12	旅游业	指主要为旅游业服务的宾馆、饭店、大厦、乐园、俱乐部、旅行社、旅游商店、友谊商店等用地
		13	金融保险业	指银行、储蓄所、信用社、信托公司、证券交易所、保险公司等用地
20	工业、仓储用地			
		21	工业	指独立设置的工厂、车间、手工业作坊、建筑安装的生产场地、排渣（灰）场等用地
		22	仓储	指国家、省（自治区、直辖市）及地方的储备、中转、外贸、供应等各种仓库、油库、材料堆积场及其附属设备等用地
30	市政用地			指市政公用设施、绿化用地
		31	市政公用设施	指自来水厂、泵站、污水处理厂、变电（所）站、煤气站、供热中心、环卫所、公共厕所、火葬场、消防队、邮电局（所）及各种管线工程专用地段等用地

续表 A3

一级分类		二级分类		含 义
编号	名称	编号	名称	
		32	绿化	指公园、动植物园、陵园、风景名胜、防护林、水源保护林以及其他公共绿地等用地
40	公共建筑用地			指文化、体育、娱乐、机关、科研、设计、教育、医卫等用地
		41	文、体、娱	指文化馆、博物馆、图书馆、展览馆、纪念馆、体育场馆、俱乐部、影剧院、游乐场、文艺体育团体等用地
		42	机关、宣传	指党政事业机关及工、青、妇等群众组织驻地，广播电台、电视台、出版社、报社、杂志社等用地
		43	科研、设计	指科研、设计机构用地。如研究院（所）、设计院及其试验室、试验场等用地
		44	教育	指大专院校、中等专业学校、职业学校、干校、党校、中小学校、幼儿园、托儿所、业余进修院（校）、工读学校等用地
		45	医卫	指医院、门诊部、保健院（站、所）、疗养院（所）、救护站、血站、卫生院、防治所、检疫站、防疫站、医学化验、药品检验等用地
50	住宅用地			指供居住的各类房屋用地
60	交通用地			指铁路、民用机场、港口码头及其他交通用地
		61	铁路	指铁路线路及场站、地铁出入口等用地
		62	民用机场	指民用机场及其附属设施用地
		63	港口码头	指供客、货运船停靠的场所用地
		64	其他交通	指车场（站）、广场、公路、街、巷、小区内的道路等用地
70	特殊用地			指军事设施、涉外、宗教、监狱等用地
		71	军事设施	指军事设施用地。包括部队机关、营房、军用工厂、仓库和其他军事设施等用地
		72	涉外	指外国使馆、驻华办事处等用地
		73	宗教	指专门从事宗教活动的庙宇、教堂等宗教用地
		74	监狱	指监狱用地。包括监狱、看守所、劳改场（所）等用地
80	水域用地			指河流、湖泊、水库、坑塘、沟渠、防洪堤坝等用地
90	农用地			指水田、菜地、旱地、园地等用
		91	水田	指筑有田埂（坎）可以经常蓄水用于种植水稻等水生作物的耕地
		92	菜地	指以种植蔬菜为主的耕地。包括温室、塑料大棚等用地
		93	旱地	指水田、菜地以外的耕地。包括水浇地和一般旱地
		94	园地	指种植以采集果、叶、根、茎等为主的集约经营的多年生木本和草本作物，覆盖度大于50%或每亩株数大于合理株数70%的土地，包括果树苗圃等用地
00	其他用地			指各种未利用土地、空闲地等其他用地

表 A4 房屋产别分类表

一级分类		二级分类		含 义
编号	名称	编号	名称	
10	国有房产			指归国家所有的房产。包括由政府接管、国家经租、收购、新建以及由国有单位用自筹资金建设或购买的房产
		11	直管产	指由政府接管、国家经租、收购、新建、扩建的房产（房屋所有权已正式划拨给单位的除外），大多数由政府房地产管理部门直接管理、出租、维修，少部分免租拨借给单位使用
		12	自管产	指国家划拨给全民所有制单位所有以及全民所有制单位自筹资金构建的房产
		13	军产	指中国人民解放军部队所有房产。包括由国家划拨的房产、利用军费开支或军队自筹资金购建的房产
20	集体所有房产			指城市集体所有制单位所有的房产。即集体所有制单位投资建造、购买的房产
30	私有房产			指私人所有的房产。包括中国公民、港澳台同胞、海外侨胞、在华外国侨民、外国人所投资建造、购买的房产，以及中国公民投资的私营企业（私营独资企业、私营合伙企业和有限责任公司）所投资建造、购买的房产
		31	部分产权	指按照房改政策，职工个人以标准价购买的住房，拥有部分产权
40	联营企业房产			指不同所有制性质的单位之间共同组成新的法人型经济实体所投资建造、购买的房产
50	股份制企业房产			指股份制企业所投资建造或购买的房产
60	港、澳、台投资房产			指港、澳、台地区投资者以合资、合作或独资在祖国大陆创办的企业所投资建造或购买的房产
70	涉外房产			指中外合资经营企业、中外合作经营企业和外资企业、外国政府、社会团体、国际性机构所投资建造或购买的房产
80	其他房产			凡不属于以上各类别的房屋，都归这一类，包括因所有权人不明，由政府房地产管理部门、全民所有制单位、军队代为管理的房屋以及宗教、寺庙等房屋

表 A5 房屋建筑结构分类表

分类		内 容
编号	名称	
1	钢结构	承重的主要构件是用钢材料建造的，包括悬索结构
2	钢、钢筋混凝土结构	承重的主要构件是用钢、钢筋混凝土建造的。如一幢房屋一部分梁柱采用钢、钢筋混凝土构架建造
3	钢筋混凝土结构	承重的主要构件是用钢筋混凝土建造的。包括薄壳结构、大模板现浇结构及使用滑模、升板等建造的钢筋混凝土结构的建筑物
4	混合结构	承重的主要构件是用钢筋混凝土和砖木建造的。如一幢房屋的梁是用钢筋混凝土制成，以砖墙为承重墙，或者梁是用木材建造，柱是用钢筋混凝土建造
5	砖木结构	承重的主要构件是用砖、木材建造的。如一幢房屋是木制房架、砖墙、木柱建造的
6	其他结构	凡不属于上述结构的房屋都归此类。如竹结构、砖拱结构、窑洞等

表 A6　房屋用途分类表

一级分类		二级分类		含　义
编号	名称	编号	名称	
10	住宅	11	成套住宅	指由若干卧室、起居室、厨房、卫生间、室内走道或客厅等组成的供一户使用的房屋
		12	非成套住宅	指人们生活居住的但不成套的房屋
		13	集体宿舍	指机关、学校、企事业单位的单身职工、学生居住的房屋。集体宿舍是住宅的一部分
20	工业交通仓储	21	工业	指独立设置的各类工厂、车间、手工作坊、发电厂等从事生产活动的房屋
		22	公用设施	指自来水、泵站、污水处理、变电、燃气、供热、垃圾处理、环卫、公厕、殡葬、消防等市政公用设施的房屋
		23	铁路	指铁路系统从事铁路运输的房屋
		24	民航	指民航系统从事民航运输的房屋
		25	航运	指航运系统从事水路运输的房屋
		26	公交运输	指公路运输、公共交通系统从事客、货运输、装卸、搬运的房屋
		27	仓储	指用于储备、中转、外贸、供应等各种仓库、油库用房
30	商业金融信息	31	商业服务	指各类商店、门市部、饮食店、粮油店、菜场、理发店、照相馆、浴室、旅社、招待所等从事商业和为居民生活服务所用的房屋
		32	经营	指各种开发、装饰、中介公司等从事各类经营业务活动所用的房屋
		33	旅游	指宾馆、饭店、乐园、俱乐部、旅行社等主要从事旅游服务所用的房屋
		34	金融保险	指银行、储蓄所信用社、信托公司、证券公司、保险公司等从事金融服务所用的房屋
		35	电讯信息	指各种邮电、电讯部门、信息产业部门，从事电讯与信息工作所用的房屋
40	教育医疗卫生科研	41	教育	指大专院校、中等专业学校、中学、小学、幼儿园、托儿所、职业学校、业余学校、干校、党校、进修院校、工读学校、电视大学等从事教育所用的房屋
		42	医疗卫生	指各类医院、门诊部、卫生所(站)、检(防)疫站、保健院(站)、疗养院、医学化验、药品检验等医疗卫生机构从事医疗、保健、防疫、检验所用的房屋
		43	科研	指各类从事自然科学、社会科学等研究设计、开发所用的房屋
50	文化娱乐体育	51	文化	指文化馆、图书馆、展览馆、博物馆、纪念馆等从事文化活动所用的房屋
		52	新闻	指广播电视台、电台、出版社、报社、杂志社、通讯社、记者站等从事新闻出版所用的房屋
		53	娱乐	指影剧院、游乐场、俱乐部、剧团等从事文艺演出所用的房屋
		54	园林绿化	是指公园、动物园、植物园、陵园、苗圃、花圃、花园、风景名胜、防护林等所用的房屋
		55	体育	指体育场、馆、游泳池、射击场、跳伞塔等从事体育所用的房屋
60	办公	61	办公	指党、政机关、群众团体、行政事业单位等行政、事业单位等所用的房屋
70	军事	71	军事	指中国人民解放军军事机关、营房、阵地、基地、机场、码头、工厂、学校等所用的房屋
80	其他	81	涉外	指外国使、领馆、驻华办事处等涉外所用的房屋
		82	宗教	指寺庙、教堂等从事宗教活动所用的房屋
		83	监狱	指监狱、看守所、劳改场(所)等所用的房屋

附 录 B
(提示的附录)
成套房屋的建筑面积和共有共用面积分摊

B1 成套房屋建筑面积的测算

B1.1 成套房屋的建筑面积

成套房屋的套内建筑面积由套内房屋的使用面积,套内墙体面积,套内阳台建筑面积三部分组成。

B1.2 套内房屋的使用面积

套内房屋使用面积为套内房屋使用空间的面积,以水平投影面积按以下规定计算:

a) 套内使用面积为套内卧室、起居室、过厅、过道、厨房、卫生间、厕所、贮藏室、壁柜等空间面积的总和。

b) 套内楼梯按自然层数的面积总和计入使用面积。

c) 不包括在结构面积内的套内烟囱、通风道、管道井均计入使用面积。

d) 内墙面装饰厚度计入使用面积。

B1.3 套内墙体面积

套内墙体面积是套内使用空间周围的维护或承重墙体或其他承重支撑体所占的面积,其中各套之间的分隔墙和套与公共建筑空间的分隔以及外墙(包括山墙)等共有墙,均按水平投影面积的一半计入套内墙体面积。套内自有墙体按水平投影面积全部计入套内墙体面积。

B1.4 套内阳台建筑面积

套内阳台建筑面积按8.2的规定计算。

套内阳台建筑面积均按阳台外围与房屋外墙之间的水平投影面积计算。其中封闭的阳台按水平投影全部计算建筑面积,未封闭的阳台按水平投影的一半计算建筑面积。

B2 共有共用面积的处理和分摊公式

B2.1 共有共用面积的内容

共有共用面积包括共有的房屋建筑面积和共用的房屋用地面积。

B2.2 共有共用面积的处理原则

a) 产权各方有合法权属分割文件或协议的,按文件或协议规定执行。

b) 无产权分割文件或协议的,可按相关房屋的建筑面积按比例进行分摊。

B2.3 共有共用面积按比例分摊的计算公式

按相关建筑面积进行共有或共用面积分摊,按下式计算:

$$\delta S_i = K \cdot S_i$$

$$K = \frac{\sum \delta S_i}{\sum S_i}$$

式中:K——为面积的分摊系数;

S_i——为各单元参加分摊的建筑面积,m^2;

δS_i——为各单元参加分摊所得的分摊面积,m^2;

$\sum \delta S_i$——为需要分摊的分摊面积总和,m^2;

$\sum S_i$——为参加分摊的各单元建筑面积总和,m^2。

B3 共有建筑面积的分摊

B3.1 共有建筑面积的内容

共有建筑面积的内容包括:电梯井、管道井、楼梯间、垃圾道、变电室、设备间、公共门厅、过道、地下室、值班警卫室等,以及为整幢服务的公共用房和管理用房的建筑面积,以水平投影面积计算。

共有建筑面积还包括套与公共建筑之间的分隔墙,以及外墙(包括山墙)水平投影面积一半的建筑面积。

独立使用的地下室、车棚、车库、为多幢服务的警卫室、管理用房,作为人防工程的地下室都不计入共有建筑面积。

B3.2 共有建筑面积的计算方法

整幢建筑物的建筑面积扣除整幢建筑物各套套内建筑面积之和,并扣除已作为独立使用的地下室、车棚、车库、为多幢服务的警卫室、管理用房,以及人防工程等建筑面积,即为整幢建筑物的共有建筑面积。

B3.3 共有建筑面积的分摊方法

a) 住宅楼共有建筑面积的分摊方法

住宅楼以幢为单元,依照 B2 的方法和计算公式,根据各套房屋的套内建筑面积,求得各套房屋分摊所得的共有建筑分摊面积。

b) 商住楼共有建筑面积的分摊方法

首先根据住宅和商业等的不同使用功能按各自的建筑面积将全幢的共有建筑面积分摊成住宅和商业两部分,即住宅部分分摊得到的全幢共有建筑面积和商业部分分摊得到的全幢共有建筑面积。然后住宅和商业部分将所得的分摊面积再各自进行分摊。

住宅部分:将分摊得到的幢共有建筑面积,加上住宅部分本身的共有建筑面积,依照 B2 的方法和公式,按各套的建筑面积分摊计算各套房屋的分摊面积。

商业部分:将分摊得到的幢共有建筑面积,加上本身的共有建筑面积,按各层套内的建筑面积依比例分摊至各层,作为各层共有建筑面积的一部分,加至各层的共有建筑面积中,得到各层总的共有建筑面积,然后再根据层内各套房屋的套内建筑面积按比例分摊至各套,求出各套房屋分摊得到的共有建筑面积。

c) 多功能综合楼共有建筑面积的分摊方法

多功能综合楼共有建筑面积按照各自的功能,参照商住楼的分摊计算方法进行分摊。

参考文献

1. 中国房地产估价师与房地产经纪人学会. 房地产经纪实务[M]. 4版. 全国房地产经纪人执业资格考试用书. 北京:中国建筑工业出版社,2012
2. 中国房地产估价师与房地产经纪人学会. 房地产基本制度与政策[M]. 6版. 全国房地产经纪人执业资格考试用书. 北京:中国建筑工业出版社,2012
3. 中国房地产估价师与房地产经纪人学会. 房地产经纪相关知识[M]. 6版. 全国房地产经纪人执业资格考试用书. 北京:中国建筑工业出版社,2012
4. 国际咨询工程师联合会. 风险管理手册[M]. 中国工程咨询协会编译. 北京:中国计划出版社,2001
5. 李中斌. 风险管理解读:来自管理前沿的案例与分析[M]. 北京:石油工业出版社,2000
6. 薛姝,周云. 房地产经纪[M]. 北京:人民交通出版社,2008
7. 许谨良. 风险管理[M]. 2版. 上海:上海财经大学出版社,2007
8. 孙星. 风险管理[M]. 北京:经济管理出版社,2007
9. 乔治. E. 瑞达,著. 风险管理与保险原理[M]. 申曙光,主译. 北京:中国人民大学出版社,2006
10. 刘燕华,葛全胜,吴文祥. 风险管理:新世纪的挑战[M]. 北京:气象出版社,2005
11. 友联时骏企业管理顾问公司,编著. 风险管理:原理与方法[M]. 上海:复旦大学出版社,2005
12. 顾孟迪,雷鹏. 风险管理[M]. 北京:清华大学出版社,2005
13. 王爱民. 营销风险管理[M]. 武汉:武汉理工大学出版社,2004
14. 谢科范,袁明鹏,彭华涛. 企业风险管理[M]. 武汉:武汉理工大学出版社,2004
15. (美)米歇尔·科罗赫,丹·加莱,罗伯特·马克,著. 风险管理[M]. 曾刚,罗晓军,卢爽,译. 北京:中国财政经济出版社,2005

16. (英)比尔·维特.风险管理与危机解决[M].李正全,译.上海:上海人民出版社,2004

17. 邵辉,赵庆贤,林娜,等,编著.风险管理原理与方法[M].北京:中国石化出版社,2004

18. 范道津,陈伟珂,主编.风险管理理论与工具[M].天津:天津大学出版社,2010

19. 王健康,主编.风险管理原理与实务操作[M].北京:电子工业出版社,2008

20. 汪贻祥,主编.《中华人民共和国担保法》理论与实务[M].北京:中国政法大学出版社,1995

21. 杨立新,主编.《中华人民共和国合同法》释解与适用[M].长春:吉林人民出版社,1999

22. 柴强,主编.房地产经纪人相关知识[M].6版.北京:中国建筑工业出版社,2012

23. 刘凯湘,主编.《中华人民共和国物权法》知识问答[M].北京:人民出版社,2007

24. 中华人民共和国住房和城乡建设部网站 http://www.mohurd.gov.cn

25. 中国房地产估价师网站 http://www.cirea.org.cn/

26. 苏州市住房与城乡建设局网站 http://www.szjs.net/ZhuJian/NewAction_center.action

27. 深圳市房地产经纪行业协会网站 http://www.srba.net.cn/

28. 搜房网 http://www.soufun.com/